V&R

Dienst am Wort

Die Reihe für Gottesdienst und Gemeindearbeit

92
Erde, atme auf

Vandenhoeck & Ruprecht
in Göttingen

Erde, atme auf

Geistliche Lieder

Von Detlev Block

Vandenhoeck & Ruprecht
in Göttingen

Die Deutsche Bibliothek – CIP-Einheitsaufnahme

Block, Detlev
Erde, atme auf : geistliche Lieder / von Detlev Block. –
Göttingen : Vandenhoeck und Ruprecht, 2001
(Dienst am Wort : 92)
ISBN 3-525-59356-2

Umschlagabbildung:
Walter Habdank, »Simeon und Hanna mit dem Kind«,
Öl auf Leinwand 1986.

© Vandenhoeck & Ruprecht, Göttingen 2001. Printed in Germany.
http://www.vandenhoeck-ruprecht.de
Ohne ausdrückliche Genehmigung des Verlages
ist es nicht gestattet, das Buch oder Teile daraus
auf foto- und akustomechanischem oder
digitalem Weg zu vervielfältigen.
Satz: Dörlemann Satz, Lemförde
Druck und Bindearbeiten: Hubert & Co., Göttingen

Inhalt

Zu den Liedtexten
dieser Sammlung

Der vorliegende Band, betitelt nach dem Refrain aus
Detlev Blocks bekanntem Abendmahlslied »Kommt
mit Gaben und Lobgesang«, das er aus dem Englischen
übertragen hat, enthält Liedtexte aus inzwischen ver-
griffenen Ausgaben sowie neuere Kirchenlieder aus
jüngster Zeit. Es sind von der Form und Sprache her
unterschiedliche Liedtypen: Choraltexte, die bewusst an
die Tradition der Kirche anknüpfen und für die sonn-
tägliche Praxis entworfen sind; Nachdichtungen, die
Aussagen und Bilder alter Lieder behutsam, aber doch
spürbar in die Sprache der Gegenwart übertragen; nar-
rative biblische Lieder, die zum Teil balladenhaften
Charakter haben; Refrainlieder und schlichte volkslied-
hafte Töne (»So singen wir die Weihnacht an«), aber
auch kunstvoll geformte Lyrik (»Lied zur Lutherrose«)
und ansprechende Kinderlieder (»Das Lied vom Weinberg« oder »Der verworfene Eckstein«). Der eine oder
andere Liedtext – vor allem aus dem Abschnitt »Bibellieder« – eignet sich auch als Predigt- und Predigtnach-
lied oder als Gedichtzitat zum Predigteinstieg oder -ab-
schluss.

Kennzeichnend für Detlev Blocks Liedtexte sind ein
verlässliches Ausformulieren, das zum Lesen und damit auch zur literarischen Besinnung wie zu Andacht
und Gebet einlädt, und Mut zu klarer Bibelnähe.

Eine Besonderheit dieser Sammlung bildet in manchen Liedern die summarische Verdichtung biblischer
Aussagen oder Erzählungen zu bestimmten Themen

und Erscheinungen, die zugleich Deutung und Anwendung für die Gegenwart umschließt. Hier wären das andeutende »Mittagslied« zu nennen, der ausführende »Tanzchoral«, übrigens ein gelungenes Beispiel der Symbiose von Theologie und ganzheitlicher Bewegung, das bis in die Seniorentanzarbeit hinein bekannt wurde, die beiden »Engelchoräle« oder das Tauflied »Wasser – lebendiges Zeichen«. Besonders begrüßenswert sind die ungewöhnlichen Lieder zu Propheten-, Paulus- und Offenbarungstexten, an die sich sonst kaum ein Liedermacher heranwagt!

In den beiden Textausgaben »In deinen Schutz genommen« (4., überarbeitete Auflage 2001, Dienst am Wort, Band 34) und »Erde, atme auf« sind nun alle wesentlichen und für die Praxis wichtigen Lieder Detlev Blocks zugänglich, von denen allein vierzig in verschiedene Gesangbücher Eingang gefunden haben.

Die Liedtexte lassen sich nach bekannten Choralmelodien oder nach zeitgenössischen Eigenvertonungen singen. Auskunft darüber gibt das Inhalts- und Melodienverzeichnis.

Walter Grüner

DER WEG IST SCHON DAS ZIEL

1

Tageskreis und Lebenslauf

1. Begrüßt den Morgen, Brüder,
   lobsinge, Herz, auch du!
   Die Erde dreht sich wieder
   der großen Sonne zu.
   So wendet euer Leben
   zu Gott dem Schöpfer hin.
   Er will es neu euch geben
   mit Wärme, Licht und Sinn.

2. Es geht durch diese Stunde
   für den, der glauben mag,
   der Glanz der Gotteskunde
   vom ersten Schöpfungstag.
   Liegt auch die Welt im Leide,
   es atmet unser Blut
   den Hauch von Gottes Freude:
   Und siehe, es war gut.

3. Bevor der Tag euch bindet
   und Werk und Zeit euch treibt,
   nehmt wahr, was Gott euch kündet:
   Dass er der Eine bleibt,
   der seine Güte breitet
   um euch und euch bewacht
   und euren Tag begleitet
   bis in die Mitternacht.

oder Ich freu mich ... Herren

4. Er trägt mit uns das Schwere
   und wendet manche Last.
   Er führt aus Gram und Leere
   zur Tat, die Hoffnung fasst.
   Kein Mensch ist ungeborgen,
   dem er den Frieden bringt.
   Er bleibt der helle Morgen,
   auch wenn die Sonne sinkt.

5. Wohl weiß kein Mensch, was heute
   auf seinem Weg geschieht,
   was er an seiner Seite
   für Dunkelheiten sieht.
   Doch leuchtet es uns innen:
   Ein Tag, ob mein, ob dein,
   den wir mit Gott beginnen,
   kann nicht verloren sein.

6. Lobsingt der Sonne, Schwestern,
   hört Gottes Schöpferruf,
   der euch aus dunklem Gestern
   ein helles Heute schuf.
   Der Erde Glück und Kummer,
   ihr buntes Angesicht
   erwecke aus dem Schlummer
   und segne, Gottes Licht!

Lied am Wochenende

1. Gott und Schöpfer, unsre Zeit
   ist voll Unruhe und Streit.
   Doch dein Himmelreich verleiht
   Frieden und Glückseligkeit.

2. Darum bitten wir dich sehr:
   Sende deinen Frieden her,
   der die Seele ruhig macht,
   dass sie ganz zu dir erwacht.

3. Der du alles weißt und siehst,
   nun der Wochenkreis sich schließt,
   sei barmherzig und vergib,
   was misslang und Bruchstück blieb.

4. Hab von Herzen Lob und Dank,
   Gott, für das, was uns gelang.
   Segne unser Tun und Sein.
   Wir sind nichts aus uns allein.

5. Schick in unser Leben Licht,
   gib den Müden Zuversicht
   und den Schwachen Kraft und Halt.
   Nimm den Ängsten die Gewalt.

6. Gib der Stille in uns Raum.
   Löse uns von Trug und Traum.
   Eh wir handeln, handle du,
   sprich uns deine Liebe zu.

7. Heil die Welt von ihrem Wahn,
   halte sie auf deiner Bahn.
   Zeige, was sie auch zerstört,
   dass sie dennoch dir gehört.

8. Eh die Menschheit sich verirrt,
   gib, dass sie vernünftig wird.
   Aus sich selbst kann sie es nie.
   Du allein vollendest sie.

9. Der du uns zum Heil erschienst,
   nimm uns neu in deinen Dienst.
   Herr, wir glauben an dein Wort.
   Hilf und nimm den Zweifel fort.

10. Lass uns dir entgegengehn
    und im Glanz der Gnade stehn.
    Gott, wir blicken hoffnungsvoll
    auf dein Reich, das kommen soll.

1. Du Aufgang aus der Höhe,
   du Glanz, der kommen soll,
   die Ferne und die Nähe
   sind deiner Ehre voll.

2. Du lenkst uns Zeit und Stunde,
   bist Anfang, Mitte, Ziel.
   Du segnest Tisch und Runde
   und machst aus wenig viel.

3. Du hältst in deinen Händen
   den blauen Erdenball,
   und deine Wunder wenden
   den Kleinmut überall.

4. Ihr, die ihr Angst und Sorgen
   als Speise zu euch nehmt,
   ihr seid in ihm geborgen,
   der alle Angst beschämt.

5. Er, der der Herr der Tische,
   der guten Gaben heißt,
   gibt so viel Fang und Fische,
   dass unser Netz zerreißt.

6. Wir müssen, Herr, nur teilen
barmherzig und gerecht
und Not und Hunger heilen,
sonst wird der Reichtum schlecht.

7. Du immer wieder andrer,
verborgner Herr der Welt,
kamst mittaglich als Wandrer
zu Abraham ans Zelt.

8. Im Haus, das wir versehen,
gewährst du Mahl und Rast.
Lass es auch offenstehen
für dich und manchen Gast.

9. Die jetzt zu Tisch sich setzen
im Hunger dieser Zeit,
Herr, speise aus den Schätzen
der großen Ewigkeit.

10. Wir Knechte unsres Strebens
sind Erben welchen Teils?
Brich uns das Brot des Lebens,
gib uns den Kelch des Heils!

11. Wir nehmen hier im Zeichen
    dein großes Mahl voraus.
    Du wirst das Brot uns reichen
    dereinst im Vaterhaus.

12. Du hast zur Mittagsstunde
    den Weg ans Kreuz gemacht.
    Nun wächst aus Schmerz und Wunde
    das Heil: Es ist vollbracht.

13. Geh auf in Herz und Sinnen,
    Glanz, der den Mittag bringt!
    Der wird den Tag gewinnen,
    der dankt und dir lobsingt.

1. Die Nacht ist da. Ich suche deine Nähe.
   Auch wenn ich dich nicht höre und nicht sehe,
   Gott, höre mich und sieh auf mich hernieder,
   tröste mich wieder!

2. Du bist gerecht und rettest meine Ehre,
   wenn ich mich einsam gegen Unrecht wehre.
   Dass Menschen wehtun und Verkehrtes sagen,
   hilf mir ertragen.

3. Du führst den Weg durch Wahrheit und durch Lüge.
   Gib, dass ich mich, Herr, deiner Führung füge.
   Du bringst ans Ziel durch Lachen und durch Weinen
   alle die Deinen.

4. Schenk uns das Leuchten deines Angesichtes,
   bewahre uns die Freude dieses Lichtes!
   Mehr als das Glück, das Menschen je erreichten,
   zählt dieses Leuchten.

5. Du hast in Christus dich für mich entschieden.
   So liege ich und schlafe ganz mit Frieden.
   Denn du allein, was ich auch immer tue,
   bist meine Ruhe.

Nach Psalm 4
EG Österreich 659 sowie RG 4

1. Vollendet ist die helle Tagesrunde.
   Wir suchen dich zu dieser Abendstunde,
   Gott Schöpfer, im Verborgenen und Leisen,
   um dich zu preisen.

2. Aus der Zerstreuung unsres Tuns und Strebens
   sammeln wir uns vor dir, dem Herrn des Lebens.
   Manches Verkehrte, manches eitle Irren
   hilf zu entwirren.

3. Vergib uns alle unsre Schuld in Gnaden,
   die wir vor dir tagtäglich auf uns laden.
   Lass dein Erbarmen über unsre Sünden
   kein Ende finden.

4. Wir haben heute wieder neu erfahren,
   wie deine Hände tragen und bewahren.
   Du bist es, Gott, der Tag und Nacht gebietet
   und uns behütet.

5. Wach über uns als treuer Menschenhüter,
   pflege die Kranken, tröste die Gemüter.
   Lass die, die ihre letzte Stunde leiden,
   in Frieden scheiden.

6. Gedenke aller, die zu uns gehören
   und mit uns betend deinen Namen ehren.
   Was wir erbitten, wollest du erfüllen
   um Christi willen.

1. Gelobt seist du, der du die Erde leitest
   und durch die Sonne uns den Tag bereitest.
   Gelobt seist du, Herr Gott, der du die Nacht
   erleuchtest durch der Sterne Glanz und Pracht.

2. Du lässt uns gnädig diesen Tag vollenden
   und bist dabei, die stille Nacht zu senden.
   Hör unser Bitten, das jetzt zu dir geht,
   und deines ganzen Volkes Nachtgebet.

3. Vergib uns alle unsre Schuld und Lüge
   und schütte, Herr, die Fülle deiner Siege
   und deiner göttlichen Barmherzigkeit
   aus über uns und unsre bange Zeit.

4. Umschirme uns mit deinen Engelscharen
   vor Unfall, Sünde, Schrecken und Gefahren
   und gib uns bei des Bösen Widerstreit,
   Herr, deine Waffen der Gerechtigkeit.

5. Umschanze uns mit Wahrheit und mit Gnade,
   dass uns des Widersachers Macht nicht schade.
   Mach Tag und Nacht und alle Lebenszeit
   uns für dein Wort und unser Heil bereit.

6. Bei dir ist viel Erbarmen und Erlösen,
   allmächtig und dreieinig hohes Wesen.
   Gott, Sohn und Geist, der kommt und ist und war,
   dir bringen wir Ruhm, Preis und Ehre dar.

Lied zu Arbeit und Beruf

1. In deinem Namen fang ich an.
   Gott, segne meine Pflichten,
   dass ich es fröhlich wagen kann,
   mein Tagwerk zu verrichten.
   Dass ich es darf und soll – wie gut!
   Gib du mir dazu Kraft und Mut.
   So kann ich etwas leisten.

2. Gott, lass mich nun verantwortlich
   an meine Arbeit gehen,
   die mitarbeiten rings um mich,
   als meine Nächsten sehen.
   Wenn du nur selber bei uns bist,
   wird manches, was nicht einfach ist,
   am Ende doch gelingen.

3. Gib mir ein Herz und Ohr für die,
   die Schwierigkeiten haben.
   Ermutige und stärke sie
   und fördre ihre Gaben.
   Kehrt menschliches Verständnis ein,
   wird unsre Arbeit fruchtbar sein
   und gut im Miteinander.

4. Ich weiß, kein Können und kein Tun
   kann deine Gunst erringen.
   Auf deiner Gnade nur beruhn
   das Wollen und Vollbringen
   Von falschem Ehrgeiz mach mich frei,
   doch steh mir auch in Unlust bei,
   dass ich nicht ziellos schaffe.

5. Gott, dessen Wort die Arbeit schuf
mit ihrer Last und Bürde,
schenk uns in Werktag und Beruf
ein Stück von deiner Würde.
Bewahr vor Missgunst uns und Neid
und lass Humor und Heiterkeit,
was Mühe macht, beflügeln.

6. Stürmt vieles fordernd auf mich ein,
Herr, gib mir klare Ruhe.
Lass meine Augen offen sein,
dass ich das Rechte tue.
Was dringlich ist, was warten kann,
worauf es ankommt jetzt und dann,
lehr mich zu unterscheiden.

7. Wie viele sind noch arbeitslos
und bangen um das Morgen!
Mach unsre Tatkraft stark und groß,
auch für ihr Recht zu sorgen.
Du willst, dass jeder Mensch erfährt,
was Achtung ist und Sinn und Wert
aus anvertrauter Arbeit.

8. Du liebst mich, Gott, so wie ich bin
mit Stärken und mit Schwächen.
Das gibt mir Kraft und frohen Sinn,
»Das walte Gott!« zu sprechen.
Begleite meinen Arbeitstag,
dass dich mein Tun lobpreisen mag
und mir Erfüllung bringen.

Nachdichtung zu EG 494: In Gottes Namen fang ich an

Mel.: Ich freu mich in dem Herren

1. Du bist der Herr der Freude
   und liebst das Fröhlichsein,
   lädst Geist und Körper, beide,
   zum Fest des Glaubens ein.
   Wohl kennen unsre Tage
   noch immer Last und Leid,
   doch du hast unsre Klage
   zum Lobgesang befreit.

2. Du machst aus Weinen Lachen,
   aus Trauer Freudentanz,
   aus Müdigkeit Erwachen,
   aus Abend Morgenglanz.
   Was in und um uns träge,
   erstorben ist und stumm,
   belebe und bewege
   durchs Evangelium!

3. Kommt, sprichst du zu den Deinen,
   seid wieder froh und singt!
   Ich schenke euch den Einen,
   der die Erlösung bringt.
   Legt ab die Trauermiene,
   kommt her mit freiem Schritt,
   nehmt eure Tamburine
   und tanzt im Reigen mit!

4. Wir treten, Gott, gemeinsam
   in einen frohen Kreis.
   Vor dir ist keiner einsam,
   der dich zu rühmen weiß.
   Wir preisen deine Gnade,
   im Tanzen dir genaht,
   wie vor der Bundeslade
   es König David tat.

5. Bewege Leib und Wesen
   mit deines Geistes Macht.
   Du willst nicht nur gelesen,
   gehört sein und bedacht.
   Wir schreiten und wir grüßen
   dich, der uns trägt und hält,
   mit Händen und mit Füßen
   zum Zeugnis für die Welt.

6. Tanzt euren Glauben, Freunde,
   so wie er euch erfüllt!
   Du Bräutigamsgemeinde,
   die als die Braut nun gilt,
   bezeuge und erzähle,
   wie schön es ist und fein,
   ein Mensch mit Leib und Seele
   nach Gottes Bild zu sein.

7. Lernt von der Schöpfung preisen,
   die sich zum Tanz erhob.
   Milliarden Sterne kreisen
   und leuchten Gott zum Lob.
   Die Berge und die Hügel
   frohlocken vor euch her.
   Die Vögel öffnen Flügel,
   der Fisch lobsingt im Meer.

8. Lernt loben wie die Bäume.
   Sie wiegen sich im Wind,
   dass Luft und Lebensräume
   voll Dank und Beifall sind.
   Lobt wie die Schmetterlinge
   im Tanz- und Farbenspiel
   den Schöpfer aller Dinge,
   den Ursprung und das Ziel.

9. Gott, unser Tun und Lieben,
   das oft noch schwankt und irrt,
   ist nur ein schwaches Üben
   für das, was kommen wird.
   Einst tanzt die Welt im Ganzen,
   erlöst von Schuld und Pein,
   so wie Geliebte tanzen,
   in Gottes Herz hinein.

1. Schön ist die Welt. Sie kommt aus Gottes Hand.
   Wir danken ihm für Himmel, Meer und Land,
   für Licht und Luft, die Erde, die uns trägt,
   und für das warme Herz, das in uns schlägt.

2. Gut sei der Mensch! Er zeige, was er kann,
   und nehme mutig Christi Vorbild an.
   Er sei gerecht, dem Frieden auf der Spur,
   ein Freund des Lebens und der Kreatur.

3. Weit ist der Weg. Doch grüble nicht zu viel!
   Geh nur getrost, der Weg ist schon das Ziel.
   Gib Acht darauf, dass Tun und Lassen stimmt
   und dass der Liebe Feuer nicht verglimmt.

4. Gott gebe es, dass Leben Leben bleibt
   und manche Knospe dir noch Blüten treibt.
   Sag ja, nimm wahr, wie Gott dir Atem schafft,
   haushalte gut mit dir und deiner Kraft.

5. Gott gebe es, wenn sich die Seele härmt,
   dass einer kommt, sie tröstet und sie wärmt.
   Wenn Gegenwind auf deinen Wegen weht,
   dass er bald nachlässt und sich günstig dreht.

6. Wir wünschen dir in Freude und im Leid
   von vielen Engeln Beistand und Geleit,
   dass, wenn dein Leben dann zuletzt verklingt,
   dich einer zärtlich in den Himmel bringt.

7. Ehre sei Gott! Das Leben wird zum Fest,
   wenn er die Saat des Glaubens wachsen lässt.
   Wers recht versteht und wagt in seinem Geist,
   gewinnt die Krone schon, die Gott verheißt.

Ein Zweig wird aus dem Baumstumpf blühn

Jahreskreis und Kirchenjahr

1. Nun tröstet, tröstet, spricht der Herr,
   mein Volk und macht es mutiger!
   Sprecht freundlich mit der Gottesstadt,
   dass ihre Not ein Ende hat.

2. Die Zeit der Knechtschaft ist vorbei,
   die Schuld verziehn, das Volk ist frei
   und hat die Strafe abgebüßt.
   Erlösung naht, und Freude grüßt.

3. Schon hat ein Ruf sich aufgetan:
   Macht in der Wüste eine Bahn
   für Gott den Herrn, die ihm gebührt
   und eben durch die Steppe führt!

4. Erhöht die Täler, Berge senkt,
   dass ihr den Weg gerade lenkt.
   Was unten liegt, soll aufrecht stehn,
   was hoch steht, in die Kniee gehn.

5. Die Herrlichkeit wird offenbar
   des Herrn, der kommt und ist und war.
   Und allem Fleisch tut sie sich kund.
   Geredet hat es Gottes Mund.

6. Es spricht die Stimme: Gehe hin
   und predige in meinem Sinn!
   Ich sprach: Was soll ich sagen, was?
   Er sagte: Alles Fleisch ist Gras.

7. Die Blume welkt, das Gras verwest,
   wenn Gottes Odem darein bläst.
   Die Blume welkt, das Gras verdorrt.
   Doch ewig bleibt das Gotteswort.

8. Du Freudenbotin Zion, steig
   auf einen hohen Berg und zeig
   der Welt es immer mächtiger:
   Sieh, da ist euer Gott und Herr!

9. Er kommt gewaltig, und er wird
   die Herde weiden wie ein Hirt.
   Sein Arm wird herrschen weit und breit
   in Liebe und Gerechtigkeit.

Nach Jesaja 40, 1–11

1. Mach dich auf und werde licht!
   Wie die Morgenröte bricht
   Gottes Herrlichkeit herein
   über deiner Nacht und Pein.

2. Noch von Finsternis bedeckt
   ist das Erdreich unerweckt.
   Doch dein Licht kommt und befreit
   es aus Schlaf und Dunkelheit.

3. Hebe deine Augen auf,
   sieh des Heiles Glanz und Lauf.
   Ost und West und Süd und Nord
   sammeln sich um Gottes Wort.

4. Du wirst sehen deine Lust,
   dass du froh bezeugen musst:
   Volk um Volk bis übers Meer
   kommt mit Gold und Weihrauch her.

5. Christus der Erlöser spricht:
   Gute Botschaft, kein Gericht,
   bringe ich für Volk und Land.
   Gottes Geist hat mich gesandt.

6. Brich dem Hungrigen dein Brot.
   Die in Elend sind und Not,
   führe du ins Haus und Licht
   und entzieh dich ihnen nicht.

7. Wer zerbrochnen Herzens ist,
   seine Schuld nicht mehr ermisst,
   dem wird Trost, Vergebung, Heil
   durch mein Wort und Mahl zuteil.

8. Trauernde, nehmt mein Geleit,
   Freudenöl statt Trauerkleid
   und empfangt, was auch geschieht,
   Lobgesang statt Klagelied.

9. Arme, werdet in mir reich,
   hoffnungsvollem Grünen gleich.
   Wachst heran, blüht auf und seid
   Bäume der Gerechtigkeit.

10. Eure Knechtschaft ist vorbei.
    Die Gebundenen sind frei.
    Ich verkünde nah und fern
    euch das Gnadenjahr des Herrn.

Nach Jesaja 60,1–5 und 61,1–3

1. Die Stunde schlägt. Nun ist es Zeit,
   vom Schlafen aufzuwachen
   und für des Morgens Herrlichkeit
   sich ganz bereit zu machen.

2. Das Heil ist näher, als es war,
   da wir zum Glauben kamen.
   Der Morgenstern scheint hell und klar.
   Steht auf in Christi Namen!

3. Die dunkle Nacht ist vorgerückt,
   der Tag herbeigekommen.
   Der Finsternis, die uns noch drückt,
   wird Macht um Macht genommen.

4. So lasst die eitlen Werke sein
   und alles dunkle Schaffen.
   Die Morgenröte bricht herein.
   Legt an des Lichtes Waffen!

5. Macht ernst mit eurem Neubeginn,
   lasst uns mit Dingen brechen,
   die nicht der Freude und dem Sinn
   des hellen Tags entsprechen.

6. Dass Christus euch bestimmen mag
   nach außen und nach innen!
   So werdet ihr den großen Tag
   bestehen und gewinnen.

Nach Römer 13, 11–14

So singen wir die Weihnacht an

1. So singen wir die Weihnacht an
   und heißen sie willkommen.
   Sie hat das Land mit Berg und Tann
   ins weiße Kleid genommen.

Refrain: Weihnacht, Weihnacht!
   Wir wollen uns freuen und singen.

2. So dunkel ist der Tageslauf,
   wir sitzen froh beisammen
   und stecken unsre Lichter auf
   und sehn in ihre Flammen.

3. Du Licht, das uns die Nacht erhellt,
   dem Winter abgerungen,
   dir sei in Herz und Haus und Welt
   lobsungen, ja lobsungen.

4. Du bist das Licht, du bist das Grün,
   Herr Christ, dem wir lobsingen.
   Ein Zweig wird aus dem Baumstumpf blühn
   und uns den Frieden bringen.

5. So singen wir die Weihnacht an
   mit ihren tausend Kerzen,
   und den, der sie uns segnen kann,
   begrüßen wir von Herzen.

Melodie: Herr J. Chr. dir ist 2 uns wendt

1. Von Anfang an vor aller Zeit
   war schon das Wort in Ewigkeit.
   Es war bei Gott seit Anbeginn
   und schuf die Welt und gab ihr Sinn.

2. Das Leben hat in ihm Bestand.
   Doch hat die Welt es nicht erkannt.
   Der, der das Wort heißt, hat verhüllt
   und leidend Gottes Wort erfüllt.

3. Es war ein Mensch, von Gott gesandt
   der hatte sich zum Licht bekannt:
   Nach mir kommt der, der vor mir war,
   und macht die Wahrheit offenbar.

4. Johannes zeugte von dem Licht.
   Er selber aber war es nicht.
   Er war nur Ruf und Fingerzeig,
   am Baum des Heils ein Hoffnungszweig.

5. Da stieg das Licht von seinem Thron,
   in Christus wurde es Person.
   Er ging den Weg, den Gott ihm wies,
   und öffnete das Paradies.

6. Er kam in seine eigne Welt.
   Sie hat sich gegen ihn gestellt.
   Die Seinen nahmen ihn nicht auf.
   Das Kreuz nahm früh schon seinen Lauf.

7. Doch manche nahmen ihn auch an,
   dass ihr Vertrauen Lohn gewann:
   Er wies sie in das Leben ein,
   gab Vollmacht, Gottes Kind zu sein.

8. Er wurde Mensch und lebte hier
   und wohnte neben dir und mir.
   Wir sahen seine Herrlichkeit,
   die Gott nur seinem Sohn verleiht.

9. Von seinem Reichtum nahmen wir
   die volle Gnade für und für.
   Denn das Gesetz gab Mose schon,
   die Gnade aber schenkt der Sohn.

10. Noch keiner hat Gott je gesehn
    und kann ihn aus sich selbst verstehn.
    Allein der Sohn hat uns gezeigt,
    wie er sich freundlich zu uns neigt.

11. Das Wort hat es ans Licht gebracht,
    und ohne es ist nichts gemacht.
    Das Licht scheint in der Finsternis.
    Seid seines Leuchtens nun gewiss!

Nach Johannes 1, 1–14

1. In der Nacht geboren,
   zeigst du, wer du bist,
   Nichts gibst du verloren,
   was im Dunkeln ist.

2. Als ein Kind gekommen,
   willst du Zeichen sein.
   Sei es wahrgenommen:
   Gott beginnt ganz klein.

3. Schweigt nun, Angst und Sorgen,
   weil wir bei dir, Kind,
   wunderbar geborgen
   und gesegnet sind.

4. Braucht es doch nur wenig,
   Kind, zum Himmelreich.
   Hirte ist und König
   an der Krippe gleich.

5. Alle Macht der Ehren
   und die Welt dazu
   können uns gewähren,
   Kind, nicht mehr als du.

6. Sterne ziehn die Runde
   über Stall und Haus.
   Kind, und deine Kunde
   kündet sich nicht aus.

Der Stern von damals

1. Der Stern von damals ist verglüht.
   Zeig du uns einen neuen.
   Entzünde ihn uns im Gemüt.
   Dann wollen wir uns freuen.

2. Der Stall von damals steht nicht mehr.
   Wo suchen wir die Hütte?
   Herr, unser Leben ist so leer,
   nimm Raum in unsrer Mitte.

3. Die Not von damals ist noch da
   und hat sehr zugenommen.
   Lass, die so vieles Elend sah,
   die Welt zum Frieden kommen.

4. Allein Gott in der Höh sei Ehr!
   Wer wird dir Lobpreis bringen?
   Und singen keine Engel mehr,
   dann wollen wir ihn singen.

1. Sie kommen von weitem
   und suchen das Kind.
   Ob wir nicht auch Ferne
   und Suchende sind?

2. Sie wagen den Aufbruch
   und folgen dem Stern.
   Was wagen wir heute –
   für wen? Für den Herrn?

3. Sie kennen den Himmel
   und bleiben doch sie.
   Wir wissen so vieles,
   genügen uns nie.

4. Sie finden die Krippe
   und knieen vor ihr.
   Hast du schon gefunden?
   Vor wem knieen wir?

5. Sie opfern die Gaben
   von kostbarer Zier.
   Wir leben im Wohlstand,
   und was bringen wir?

6. Sie spüren die Freude,
   der sonst keine gleicht.
   Hat uns schon die Freude
   des Glaubens erreicht?

7. Sie ändern den Rückweg,
   wie Gott ihnen sagt.
   Wo wechseln wir Wege,
   wenns uns nicht behagt?

8. Sie kommen von weitem
   und finden das Kind.
   Gott weiß, wann wir selber
   die Findenden sind.

1.) Mel.
2.) Mel. Nun gib uns Pilgern

1. Die Zeit, die wir von dir, Gott, haben,
   sie wechselt wieder ihre Zahl,
   und aus der Fülle deiner Gaben
   schenkst du sie uns ein neues Mal.

2. Die Erde wird sich weiterdrehen,
   denn Tag und Nacht sind dein Geheiß.
   Dein Wort und Wirken, Gott, bestehen
   und ordnen uns den Jahreskreis.

3. Geburt und Tod und Lachen, Weinen
   und Hass und Liebe, Friede, Streit,
   verlieren, finden, trennen, einen –
   ein jegliches hat seine Zeit.

4. Der Storch, der Kranich und die Taube,
   die kennen ihre Zeit und Bahn.
   Wie oft verirrt sich unser Glaube
   in Angst und Hochmut, Trug und Wahn!

5. Gott, im Beginnen und im Enden
   sei unsre Mitte Christi Bild,
   dass unsre Zeit in deinen Händen
   geborgen ist und sich erfüllt.

6. Lass uns mit dir das Gute wagen
   und unverzagt das Unsre tun.
   So wird der Glaube Früchte tragen
   und auf dem Tagwerk Segen ruhn.

7. Das Jahr ist um und kehrt nun wieder
   zurück in deine Ewigkeit.
   Wir knieen betend vor dir nieder
   und spüren das Geheimnis Zeit.

O Mensch, beweine
deine Schuld

1. O Mensch, beweine deine Schuld!
   Für sie litt Christus in Geduld
   Angst, Schmerzen und Beschwerden
   Er kam von seines Vaters Thron
   und wurde Mensch, Marias Sohn,
   um unser Heil zu werden.
   Den Toten tat er Leben kund,
   die Kranken machte er gesund,
   dann musste sich erfüllen,
   dass er den Weg des Opfers ging,
   zuletzt am Kreuz verlassen hing
   um unsrer Sünde willen.

2. O Mensch, erkenne das Gericht,
   das aus dem Leiden Christi spricht!
   Er nahm auf sich die Hölle
   von Schuld und Strafe, Hohn und Hass
   und gab sich hin für Barrabas
   und uns an unsrer Stelle.
   Die göttliche Barmherzigkeit
   hat uns vom Fluch der Schuld befreit,
   den wir zu tragen hätten.
   Das Kreuz macht arm, das Kreuz macht reich,
   klagt an und spricht gerecht zugleich,
   es richtet, um zu retten.

3. So wollen wir nun dankbar sein,
   dass er für uns litt solche Pein,
   und seinen Willen leben
   und das, was Christus uns erwies,
   als er sein Leben für uns ließ,
   in Liebe weitergeben.
   Kommt aus der Gottesferne fort,
   denn Gott ist nah und will im Wort
   vom Kreuz sich offenbaren.
   Betrachtet recht und überlegt,
   wie Gottes Zorn die Sünde schlägt,
   lasst euch davor bewahren!

Nachdichtung zu EG 76:
O Mensch, bewein dein Sünde groß

1. Mein Gott, ich will dich loben,
   mich deiner Wunder freun.
   Aus Licht und Glanz gewoben
   hüllt ein Gewand dich ein.
   Die Wolken sind dein Wagen,
   im Wind fährst du daher,
   und deine Spuren tragen
   das Erdreich und das Meer.

2. Du hast die Welt gegründet,
   den Himmel ausgespannt,
   die Sterne angezündet
   mit schöpferischer Hand.
   Du machst zu deinen Boten
   die Flammen und den Wind,
   weckst Leben aus dem Toten,
   dass Zukunft neu beginnt.

3. Das Land grünt wie ein Garten
   voll Früchten, die du schenkst,
   und alle Tiere warten,
   dass du sie nährst und tränkst:
   des Meeres Fischgewimmel,
   in Wald und Feld das Wild,
   die Vögel unterm Himmel,
   das Vieh, das hungrig brüllt.

4. Es lebt von deinem Segen,
   was atmet und gedeiht.
   Gott, du befiehlst dem Regen
   und gibst ihm Fruchtbarkeit.
   Aus Trauben und Getreide
   der Wein, das Brot entstehn.
   Das ist des Menschen Freude
   und macht sein Antlitz schön.

5. Du lässt die Sonne scheinen
   und hast den Mond gemacht
   und ordnest, Gott, nach deinen
   Gesetzen Tag und Nacht.
   Wie reich sind deine Werke,
   wie sinnvoll angelegt!
   Mit Weisheit und mit Stärke
   tust du sie unentwegt.

6. Die Schöpfung zu erneuen,
   Gott, höre niemals auf.
   Du sollst dich an ihr freuen
   und ihrem Weiterlauf.
   Hilf, dass wir Frieden halten
   mit deinem Eigentum
   und diese Welt verwalten
   zu deines Namens Ruhm.

Nach Psalm 104

1. Im Tal der Quellen lass uns dich erheben
   und deine Güte preisen Tag und Nacht.
   Du schenkst uns Wasser und erhältst das Leben
   aus deiner unerschöpften Schöpfermacht.

Refrain: Du führst uns, Gott, zur frischen Wasserstelle,
   weil du die Quelle unsres Lebens bist.

2. Gott, aus dem Wasser wecktest du das Leben,
   und kein Geschöpf kann ohne Wasser sein.
   Und wenn wir deiner Schöpfung Ehre geben,
   dann treten wir auch für uns selber ein.

3. Aus wieviel Brunnen gabst du uns zu trinken,
   an wieviel Quellen hast du uns gestärkt!
   Wollten uns Mut und Zuversicht entsinken,
   halfst du uns auf, wir habens wohl gemerkt.

4. Wo Wasser fließt, da ist das Land gesegnet,
   und wohl der Menschheit, die das nicht vergisst!
   Wo Wasser fehlt und Dürrenot begegnet,
   mach uns zu Helfern, wenn es möglich ist.

5. Lass uns der Erde Wasser rein bewahren,
   dass uns der Strom des Lebens nicht versiegt
   und wir den Segen wunderbar erfahren,
   der in der Heilkraft deines Wassers liegt.

6. Schön so ein Brunnen mit dem Marmorbecken
   und mit dem Wasserspiel darüberhin!
   Er kann uns Antwort auf die Frage wecken,
   wovon wir leben und zu welchem Sinn.

7. Das Wasser steigt aus Tiefen in die Höhen.
   So rufst du, Gott, das Leben in die Welt,
   bis es, wie wirs am Brunnengleichnis sehen,
   am Ende wieder in den Urgrund fällt.

8. Von einer Schale in die andre Schale
   gießt sich das Wasser, das dem Menschen gleicht.
   Wir leben täglich ungezählte Male
   auch vom Empfangen, das da weiterreicht.

9. In welchem Wasser kann die Seele baden?
   Wo ist der Ort, wo Trost und Hoffnung fließt?
   Wir alle sind von Christus eingeladen
   zum heilgen Born, den uns sein Wort erschließt:

10. Wer von dem Wasser trinkt, das ich ihm gebe,
    der hat den Durst nach Leben ganz gestillt.
    Denn nur der Glaubensquell, aus dem ich lebe,
    ist es, der in das ewge Leben quillt.

1. Der Himmel leuchtet hoch und weit,
erzählt von Gottes Herrlichkeit
und seiner Macht und Stärke.
Ein Tag sagt es dem andern an
und eine Nacht der andern dann:
Wie groß sind Gottes Werke!

2. Der Himmel predigt ohne Wort
und wird gehört an jedem Ort
bis in die fernste Ferne.
Dass du der Herr der Schöpfung bist
und alle Welt dein eigen ist,
verkünden Mond und Sterne.

3. Die Sonne freut sich wie ein Held
und Bräutigam, am Himmelszelt
zu laufen und zu strahlen.
Sie steigt und sinkt, sie kommt und geht
und ruft zu Arbeit und Gebet
zu ungezählten Malen.

4. Du hast auch uns, Gott, eine Bahn
in weiser Ordnung aufgetan
und dein Gebot gegeben.
Es macht uns Herz und Augen klar,
und wer es hält, wird wunderbar
und reich belohnt im Leben.

5. Wir rühmen deine Schöpfermacht.
   Sie hat dem Himmel Tag und Nacht
   und uns den Weg gewiesen.
   Der Sonne, Mond und Sterne lenkt
   und uns das Wort der Weisung schenkt,
   sei allezeit gepriesen!

Nach Psalm 19

1. Du ließest, Gott, das All entstehen
   und wirkst bis heute darin fort.
   Du hast in allem Weltgeschehen
   das erste und das letzte Wort.

Refrain: Gott hat große Freude
   daran, was er tut.
   Seine ganze Schöpfung,
   alles ist sehr gut.
   Sonne, Mond und Sterne,
   ferne Galaxien,
   Menschen auf der Erde,
   lobt und preiset ihn!

2. Du gibst den vielen Sternsystemen
   Gestalt und Bahnen, Start und Ziel.
   Und die Entwicklung, die sie nehmen,
   ist so, wie sie dir wohlgefiel.

3. Den großen Raum, das fremde Dunkel,
   das uns mit Rätseln übermannt,
   entzündest du mit Sterngefunkel
   und ordnest du mit deiner Hand.

4. Ein Staubkorn nur ist unsre Erde.
   Wir sind unendlich klein vor dir.
   Du setzt dem All das Stirb und Werde,
   und wir – was sind und wissen wir?

5. Und doch hast du uns reich gesegnet
   und uns zu deinem Bild gemacht,
   und deiner Güte Macht begegnet
   uns in der Schöpfung Tag und Nacht.

6. Lass uns die Erde, Gott, bewahren,
   wie es dein Schöpferwille liebt,
   beschützt auf ihr durchs Weltall fahren,
   solange es uns Menschen gibt.

7. Vielleicht hast du in tiefen Fernen
   wie auf der kleinen Erde jetzt
   auch noch auf andren Wandelsternen
   des Lebens schönen Keim gesetzt.

8. Wenn einst das All in fernen Zeiten
   erlischt und an das Ende stößt,
   bleibst du in alle Ewigkeiten
   das Licht, das leuchtet und erlöst.

1. Heut singt die liebe Christenheit
   Gott Lob und Dank in Ewigkeit
   für seine Engelscharen,
   die uns in Angst, Not und Gefahr
   auf viele Weisen wunderbar
   behüten und bewahren.

2. Sie glänzen wie der Sonnenschein,
   wie Feuerflammen hell und rein
   als deine guten Geister.
   Von überirdischer Natur
   sind sie die schönste Kreatur,
   und Christus ist ihr Meister.

3. Sie stehn vor deinem Angesicht
   und spiegeln deiner Hoheit Licht
   als Helfer und Vertraute.
   Sie singen dir, Allherrscher du,
   ihr »Heilig, heilig, heilig!« zu,
   wie es Jesaja schaute.

4. Des Himmels Heer durch alle Welt
   führt Michael, der starke Held,
   zu Gottes Dienst und Ehren.
   Die Engel streiten Tag und Nacht,
   um Satans böse List und Macht
   beizeiten abzuwehren.

5. Der alte Drache schlummert nicht.
   Wie er in unser Leben bricht,
   sinnt er zu jeder Stunde.
   Er trachtet uns nach Hab und Gut,
   nach Herz und Seele, Leib und Blut
   und schlägt uns manche Wunde.

6. Er stiftet uns zur Zwietracht an,
   verführt zu Unrecht jedermann,
   zu Feindschaft, Mord und Kriegen,
   zerrüttet Gottes Ordnung bald
   und will die Erde mit Gewalt
   zerstören und besiegen.

7. Wo ihm nicht wehrt der Engel Schar,
   an Leib und Seele, Haut und Haar
   blieb keiner mehr behütet.
   Mit Feuer, Wasser, Wind und Schnee
   bereitet er der Menschheit Weh,
   das hart und grausam wütet.

8. Wir danken dir, Herr Jesu Christ,
   dass du der Herr der Engel bist
   und sie als Wächter sendest.
   Erhalte uns in deiner Hut
   und rette uns, Herr, durch dein Blut,
   wenn du den Streit beendest.

Nachdichtung zu EKG 116:
Heut singt die liebe Christenheit
EG 143

1. Unendlich groß und wunderbar
   Herr Gott, ist deine Engelschar,
   die dir zu Dienst und Willen lebt
   und jubelnd deinen Thron umschwebt.

2. Wir danken dir, dass du sie schufst
   und in die Welt als Helfer rufst.
   Ihr Wort und Wirken bringen Licht
   und Glanz von deinem Angesicht.

3. Die Engel gehn uns wachsam nach
   und weisen Wege mannigfach,
   dass sich dein Volk in dieser Welt
   getröstet und zusammenhält.

4. Oft ahnen wir die Engel nicht
   und ernten Gnade statt Gericht.
   Oft wird uns hinterher erst klar,
   dass, Gott, dein Engel mit uns war.

5. Mit Neid und Hass und Zorn erscheint
   die Macht des Bösen, unser Feind.
   Er, der uns immer schon bedroht,
   verführt am Ende in den Tod.

6. Er lauert auf, bis er uns trifft,
   brüllt wie ein Löwe, schleicht wie Gift,
   legt Garn und Strick, braucht falsche List,
   dass er zerstört, was christlich ist.

7. Dagegen kämpft der Engel Schar
   und zeigt, was hilfreich ist und wahr.
   Sie stärkt und schützt die Christenheit,
   dass sie sich ihres Glaubens freut.

8. Wir preisen dich, dass du uns liebst
   und sie uns zu Begleitern gibst.
   Reih uns in deine Scharen ein
   und lass uns selber Boten sein,

9. die dazu helfen, Herr und Hirt,
   dass Gutes aus der Menschheit wird
   und deine Erde, Jesus Christ,
   gerettet und gesegnet ist.

10. Gott Vater, Sohn und Heilgem Geist,
    der uns beschützt und unterweist
    und Mut macht durch der Engel Kreis,
    sei jetzt und immer Lob und Preis!

Nachdichtung zu EKG 115:
Herr Gott, dich loben alle wir

Herr J. Chr., dich zu uns 155

Lied zur Lutherrose

1. Das Kreuz steht fest und zeichenhaft im Herzen.
   Es tötet nicht, denn unter Angst und Schmerzen
   hat der Gekreuzigte das Heil gebracht.
   Sein Kreuz bringt erst das rote Herz zum Leuchten,
   weil nur der Glaube uns lebendig macht.
   Er schenkt uns Kraft und ein erhobnes Haupt.
   Man wird gerecht, wenn man von Herzen glaubt.

2. Das Herz mit Kreuz erschreckt kein Weltgetose.
   Es schlägt inmitten einer weißen Rose.
   Sie zeigt, dass Glaube Trost und Frieden bringt.
   Nicht wie die Welt, die um die rote Rose
   von zweifelhafter Lust und Ehre ringt.
   Die Farbe für den Geist und Engelkreis
   ist fröhlich glänzend das erlöste Weiß.

3. Die Rose ist von Himmelsblau umwoben.
   Es kündet an: Die Zukunft kommt von oben.
   Schon ist ein Hauch von ewger Freude nah,
   vom Atem Hoffnung sind wir schon ergriffen.
   Doch noch ist Gottes Reich nicht sichtbar da.
   Wir stehn, weil uns das Kreuz am Leben hält,
   erwartungsvoll im offnen Himmelsfeld.

4. Mein ist das Kreuz und weiß mich zu erretten.
   Mein Herz darf sich in weißer Rose betten
   und jetzt schon wie im Himmel selig sein.
   Ein Ring aus Gold, wie Gottes Treue kostbar,
   fasst diese Seligkeit für immer ein.
   Die Traurigkeit der Welt wird klein und stumm.
   Vivit! Er lebt! So steht es klar rundum.

Zur Erhaltung des Lebensraumes
_____ Lied zum Buß- und Bettag _____

1. Gott, unser Leben und die Welt
   sind in Gefahr geraten.
   Wir haben die Natur entstellt
   durch unbedachte Taten.
   Wir beteten den Fortschritt an.
   Zum Zeichen, was er kosten kann,
   wächst Gift aus unsren Saaten.

2. Du gabst uns Forschergeist und Macht,
   den Lebensraum zu pflegen.
   Wir gaben wenig darauf Acht
   und wirkten nicht zum Segen.
   Wir werden wach und merken nun:
   Wir dürfen, Gott, nicht alles tun,
   was wir zu tun vermögen.

3. Wir Christen wollen nicht zurück
   in die vergangenen Zeiten.
   Doch jeder von uns soll ein Stück
   Verantwortung verbreiten,
   die, was dem Menschengeist entspringt,
   in Einklang mit der Schöpfung bringt,
   und dafür mutig streiten.

4. Gib, dass uns Wirtschaft und Gewinn
nicht in die Irre treiben,
dass wir uns nicht dem Sog darin
gedankenlos verschreiben.
Das Wohl des Menschenlebens nur
und die Gesundheit der Natur
muss unser Maßstab bleiben.

5. Wir stoßen heute so wie nie
an unsres Wachstums Grenzen.
Gott, gib uns Mut und Phantasie,
die Technik zu ergänzen
durch eine neue Lebensart,
die Wohlstand teilt und Kräfte spart,
statt damit stolz zu glänzen.

6. Du hast die Welt uns anvertraut,
sie menschlich zu gestalten.
Wer für die Zukunft plant und baut,
muss dein Gebot entfalten.
Wir stehen auf aus Schlaf und Traum
und sind gewillt, des Lebens Raum
der Nachwelt zu erhalten.

Bittlied um Erhaltung
des Lebens

1. Die Erde, die du schufst, war gut.
   Wer wird sie jetzt bewahren?
   Denn was der Mensch vermag und tut,
   bringt Ängste und Gefahren.
   Der Fortschritt unsrer späten Zeit
   wirft einen schweren Schatten:
   Das Ende – eine Möglichkeit,
   die wir vergessen hatten.

2. Vielleicht ist es noch nicht zu spät,
   dass wir begreifen lernen:
   Es liegt an uns. Denn was er sät,
   das wird der Mensch auch ernten.
   Wir halten, Herr, erschrocken ein,
   weil wir uns ändern müssen.
   Lass deine Menschheit nicht allein
   und schärfe die Gewissen.

3. Herr über Wasser, Feuer, Wind,
   hilf, dass wir Wege finden,
   die für uns heute gangbar sind
   und in das Leben münden.
   Herr, lehre uns auf Christi Spur
   dem Wahn zu widerstehen
   und mit den Kräften der Natur
   behutsam umzugehen.

4. Herr über Schöpfung und Gewalt
   und alle Elemente,
   gebiete doch dem Missbrauch Halt,
   der uns vernichten könnte.
   Gib statt Gefahr und Strahlennot
   gesunde Luft und Frieden
   und wehr dem unsichtbaren Tod
   in Ost, West, Nord und Süden.

5. Der du aus einer Wolke sprachst,
   erfüll die Luft mit Segen.
   Der du das Brot der Erde brachst,
   komm uns daraus entgegen.
   Erlöse von des Abgrunds Rand
   uns ungetreue Erben
   und lass uns nicht durch eigne Hand
   am Turm zu Babel sterben.

6. Die Erde, die du schufst, ist dein.
   Lass uns sie nicht zerstören
   und endlich wach und willig sein,
   auf dein Gebot zu hören.
   Lob sei dir, Vater, Sohn und Geist,
   du wirst uns Beistand geben.
   Der du den Weg zum Guten weist,
   du liebst und bist das Leben.

EG Bayern/Thüringen 653 sowie EG Österreich 649

Im Angesicht der Ewigkeit

1. Gott, in deiner starken Hand
   finden wir Geborgenheit.
   Längst bevor die Welt entstand,
   bist du, Gott, in Ewigkeit.

2. Tausend Jahre sind vor dir
   wie ein kurzer Augenblick.
   Wenn du sprichst: Kommt heim zu mir,
   kehren wir zu dir zurück.

3. Wie das Gras, das morgens sprießt,
   abends welk wird und verdorrt,
   wie ein Strom, der ständig fließt,
   kommt und geht das Leben fort.

4. Vieles, was uns köstlich scheint,
   ist am Ende Traum und Trug.
   Was man zu behalten meint,
   fährt vorüber wie im Flug.

5. Die der Mensch nur halb erkennt,
   alle Schuld bringst du ans Licht.
   Alles, was uns von dir trennt,
   stellst du vor dein Angesicht.

6. Keiner, Ewiger, als du
   kann uns von der Schuld befrein.
   Wende dich uns wieder zu,
   Schutz und Zuflucht uns zu sein!

7. Lass uns, von der Schuld befreit,
   tun, was gut ist und dich ehrt,
   und die anvertraute Zeit
   nutzen, wie dein Wort es lehrt.

8. Fördere das Werk und Tun,
   das die Traurigkeit vertreibt.
   Mach die Hände fröhlich nun.
   Gib uns Frucht, die trägt und bleibt.

9. Mach uns, die wir sterblich sind,
   durch den Blick aufs Ende klug,
   dass das Heute Maß gewinnt.
   Alles andere ist Trug.

10. Fülle uns von Jugend an
    mit der Gnade und dem Geist,
    der uns Einsicht geben kann
    und ein Leben lang dich preist.

Nach Psalm 90

Wann ist unser Mund
voll Lachen?

1. Wenn du, Herr, das Schicksal wendest,
   Schuld und Unrecht uns verzeihst,
   Krieg und Völkermord beendest,
   die Gefangenen befreist.

Refrain: Wann ist unser Mund voll Lachen,
   wann wird unser Träumen wahr?

2. Wenn du, Herr, die Welt erneuerst,
   dass die kranke Schöpfung heilt,
   und die Menschheit weckst und steuerst,
   dass sie Gut und Nahrung teilt.

3. Wenn wir Menschen uns besinnen
   und dein Name wieder gilt,
   die Verheißungen beginnen,
   sich dein Wort an uns erfüllt.

4. Wenn die Sterbenden gesunden
   und die Toten auferstehn,
   wenn wir, Herr, durch alle Wunden
   deine Liebe kommen sehn.

5. Wenn die Saat, Herr, unter Tränen
   und mit Mühen ausgesät,
   uns mit Jubel zu versöhnen,
   reif in vollen Garben steht.

   Dann ist unser Mund voll Lachen,
   dann wird unser Träumen wahr.

Nach Psalm 126

KOMMT MIT GABEN UND LOBGESANG

Gottesdienst und Feier

1. Wasser – lebendiges Zeichen:
   Ohne Wasser kein Leben,
   aus dem Wasser entstand es.
   Wasser – die Schöpfung aus Gott.

2. Wasser – lebendiges Zeichen:
   Große Tragkraft enthält es,
   leitet Schiffe durch Meere.
   Wasser – die Tragkraft von Gott.

3. Wasser – lebendiges Zeichen:
   Energiereiches Strömen,
   das uns Stärke vermittelt.
   Wasser – der Anstoß durch Gott.

4. Wasser – lebendiges Zeichen:
   Spielen, springen und schwimmen,
   Strand und Wellen und Sonne.
   Wasser – die Freiheit in Gott.

5. Wasser – lebendiges Zeichen:
   Macht das Schmutzige sauber
   und erfrischt und erneuert.
   Wasser – Vergebung vor Gott.

6. Wasser – lebendiges Zeichen:
   Seine Heilkraft kann helfen,
   lässt das Kranke gesunden.
   Wasser – Gesundung von Gott.

7. Wasser – lebendiges Zeichen:
Tränen lösen, was lastet,
werden Tränen der Freude.
Wasser – Versöhnung durch Gott.

8. Wasser – lebendiges Zeichen:
Kommt vom Himmel zur Erde,
hebt sich wieder zum Himmel.
Wasser – der Heilsweg von Gott.

9. Wasser – lebendiges Zeichen:
Dann nur haben wir Zukunft,
wenn wirs achten und ehren.
Wasser – Entscheidung für Gott.

10. Wasser – lebendiges Zeichen:
Alle Bäche und Flüsse
fließen schließlich zum Meer hin.
Wasser – das Endziel bei Gott.

11. Wasser – lebendiges Zeichen:
Flüssig, dampfend, gefroren,
dreifach, doch eines Wesens.
Wasser – Geheimnis um Gott.

12. Wasser – lebendiges Zeichen:
Christus, Quellgrund des Glaubens,
der den Durst stillt nach Leben.
Wasser – du Taufe von Gott.

Konfirmations- und Credolied

1. Mein Schöpfer, steh mir bei,
   sei meines Lebens Licht
   und führe mich zum Ziel,
   wie es dein Wort verspricht.
   Lass mich Vertrauen fassen,
   auf dich mich zu verlassen.
   Ich möchte dir gehören
   und deinen Namen ehren.
   Mit dir zu leben, mach mich frei,
   mein Schöpfer, steh mir bei.

2. Mein Heiland, segne mich
   und nimm mich gnädig an,
   dass ich mit dir vereint
   im Glauben wachsen kann.
   Lass mich dein Wort bewahren
   und vor dem Kreuz erfahren,
   dass ich von Schuld und Sünde
   bei dir Erlösung finde.
   Wer bin ich Arme(r) ohne dich,
   mein Heiland, segne mich.

3. Mein Tröster, gib mir Kraft,
   mach mich erwartungsvoll
   und hilf mir zu bestehn,
   wo ich bestehen soll.
   Mein Denken, Tun und Sagen
   lass mich auf Christus wagen,
   dass ich mich mutig übe
   in wahrer Menschenliebe.
   Du bist, der alles Gute schafft,
   mein Tröster, gib mir Kraft.

4. Gott Vater, Sohn und Geist,
   du liebst mich, wie ich bin.
   Schenk diese Zuversicht
   mir tief in Herz und Sinn.
   Erwähle und behüte
   mich ganz durch deine Güte,
   so will ich dir mein Leben
   auch ganz zum Lobpreis geben.
   Erfüll an mir, was du verheißt,
   Gott Vater, Sohn und Geist.

EG Niedersachsen/Bremen 565 sowie EG Rheinland/
Westfalen/Lippe/Reformierte Kirche 593

1. Wie heilig, heilig, heilig,
   Gott, Sohn und Geist, bist du!
   Dir kommt in allen Landen
   Gewalt und Hoheit zu.
   Du bist der Herr der Mächte,
   der Schar, die siegen soll.
   Der Himmel und die Erde
   sind deiner Ehre voll.

2. Hosanna in der Höhe!
   Gelobt sei, der da naht,
   im Namen unsres Gottes
   gesandt mit Wort und Tat.
   Wir singen mit den Engeln
   dir Ruhm und Lobpreis zu:
   Wie heilig, heilig, heilig,
   Gott, Sohn und Geist, bist du!

Sanctus

1. Heilig bist du, Unsichtbarer,
   Vater, Schöpfer und Bewahrer.
   Heilig bist du, Gott der Sohn.
   Heilig bist du, Geist der Geister,
   aller Mächte Macht und Meister.
   Dreimal heilig ist dein Thron.

2. Deine Herrlichkeit durchdringe
   alle Welt und alle Dinge
   und das Chaos, das noch tobt.
   Deine Ferne werde Nähe.
   Hosianna in der Höhe!
   Der da kommt, sei hochgelobt.

1. Kommt mit Gaben und Lobgesang,
   jubelt laut und sagt fröhlich Dank:
   Er bricht Brot und reicht uns den Wein,
   fühlbar will er uns nahe sein.

Refrain: Erde, atme auf,
   Wort, nimm deinen Lauf!
   Er, der lebt, gebot:
   Teilt das Brot!

2. Christus eint uns und gibt am Heil
   seines Mahles uns allen teil,
   lehrt uns leben von Gott bejaht.
   Wahre Liebe schenkt Wort und Tat.

3. Jesus ruft uns. Wir sind erwählt,
   Frucht zu bringen, wo Zweifel quält.
   Gott, der überall zu uns hält,
   gibt uns Wort und Brot für die Welt.

Nach der englischen Vorlage »Let us talents and tongues employ«
EG 229

In Christi Namen
seid willkommen

In Christi Namen seid willkommen
als die Gemeinde, die er liebt!
Was auch an Dunkel euch umgibt,
Gott hat es in sein Licht genommen.
Gebt Raum der Freude und dem Dank,
der Andacht und dem Lobgesang.
Hört Gottes Wort und Christi Lehre
und heilt die Welt zu Gottes Ruhm.
Wir sind sein Volk und Eigentum.
So bringt nun Lobpreis seiner Ehre!

1. Gott, nun begleite uns beim Auseinandergehen
   und lass uns auch getrennt im Geist zusammen-
   stehen.
   Dann sind wir, wo wir sind, im Glauben nicht allein
   und können allezeit Gemeinde Christi sein.

2. Die Tage klingen nach. Du hast sie uns gegeben
   und wunderbar gefüllt mit Freude und mit Leben.
   Der du Begegnung schaffst, du öffnest Herz
   und Tür.
   Wir haben es erlebt und danken dir dafür.

3. Lass uns die Lieder, Gott, der Hoffnung weiter-
   singen,
   die gute Nachricht neu in die Gemeinden bringen
   und tun, was Brücken schlägt und Schuld und
   Unrecht sühnt,
   was deinem Schöpfungswerk und unsrer Zukunft
   dient.

4. Weil wir wie Brüder uns und Schwestern hier
   verbanden,
   in Fragen und Gespräch ein Gegenüber fanden,
   ist keiner von uns mehr, so wahr dein Wort uns hält,
   in letzte Einsamkeit und Traurigkeit gestellt.

5. Gott, nun begleite uns mit deinem Schutz und
   Segen,
   führ uns mit jedem Tag dem großen Tag entgegen,
   an dem das schwache Lob in Jubel übergeht
   und alle Welt mit uns am Ziel der Hoffnung steht.

Lied für Friedensgottesdienste

1. Geschehen wird es einst in jenen Tagen,
   die jetzt noch Zukunft sind und fern,
   da wird der Tempelberg des Herrn
   die andern Berge alle überragen.

2. Und alle Völker werden zu ihm strömen:
   Kommt mit zum Herrn und betet an
   ihn, der allein erlösen kann!
   Wir wollen Trost und Weisung von ihm nehmen.

3. Vom Zionsberg lässt Gott sein Wort ergehen.
   Er weist die Völkerschar zurecht,
   beendet Streit und Kriegsgefecht
   und richtet über Zeiten und Geschehen.

4. Dann setzt der Herr für immer Recht und Frieden.
   Speerspitzen werden über Nacht
   zu Messern für den Wein gemacht,
   und aus den Schwertern wird man Pflüge schmieden.

5. Kein Volk wird mehr ein anderes bekriegen.
   Gewalt und Waffen, Kampf und Heer
   sind keine Lebensformen mehr,
   und kein Verlieren gibt es mehr und Siegen.

6. Das wird erst in der Zukunft sich begeben.
   Doch lasst uns jetzt schon in dem Licht,
   das uns von dort entgegenbricht,
   in dieser Welt als Friedensstifter leben!

Nach Jesaja 2, 2–5

Gott, gib uns Antwort auf die Fragen

1. Gott, gib uns Antwort auf die Fragen,
   die unser Glaube heute stellt,
   und hilf uns neue Wege wagen
   zum Wohl für uns und deine Welt.

2. Hier hat die Welt dein Wort vergessen,
   dort sucht sie andre Frömmigkeit.
   Wie sagen wir da angemessen
   das Evangelium unsrer Zeit?

3. Ein Wetter kommt heraufgezogen,
   die Kirche steht im Gegenwind.
   Wie stellen wir uns Sturm und Wogen,
   die über uns gekommen sind?

4. Lass uns die Ökumene leben,
   die auch in Vielfalt Einheit schenkt!
   Wie soll die Kirche Hoffnung geben,
   wenn sie nur klein und trennend denkt?

5. Wir brauchen Toleranz, Verständnis
   auch für die andre Religion.
   Wie hilft uns dabei das Bekenntnis
   zu Jesus Christus, deinem Sohn?

6. Viel liegt im Argen ohne Ende,
   Krieg, Unrecht, Knechtschaft drückt und quält.
   Wie schwach sind unsre eignen Hände –
   hast du uns wirklich auserwählt?

7. Die ganze Menschheit muss sich wandeln,
   um deiner Erde gut zu sein.
   Wie können wir als Christen handeln,
   sie mehr und mehr dazu befrein?

8. Gott, gib uns Antwort auf die Fragen,
   die unser Glaube heute stellt,
   und hilf uns neue Wege wagen
   zum Wohl für uns und deine Welt.

WER GOTT 4 LOBT, IST NICHT ALLEIN

Bibellieder

Abrahamlied

1. Abraham verlässt das Land
   und gewinnt die Ferne.
   Über Fremd und Unbekannt
   leuchten Gottes Sterne.

2. Er vertraut dem Gotteswort
   und dem Wunderbaren.
   Und auch wir an unsrem Ort
   können es erfahren.

3. Abraham tritt betend ein
   für die Ungerechten.
   Lasst auch uns barmherzig sein,
   wo wir richten möchten.

4. Er gibt auch das Liebste her,
   Gott allein zu ehren.
   Was uns schrecklich wird und schwer,
   kann Gott herrlich klären.

5. Abraham, der Gottesmann,
   setzt auf Gott verwegen.
   Nehmen wir sein Beispiel an,
   wird es uns zum Segen.

Nach 1. Mose 12, 1–9; 15, 1–6; 18, 1–33; 22, 1–19

Lied von der Himmelstreppe

1. Heimatlos durch fremde Wüste
   wandert Jakob auf der Flucht.
   Schuld hat er auf sich geladen
   durch Betrug und Eigensucht.

2. Müde sucht er eine Stelle,
   wo er übernachten kann.
   Denn die Sonne geht schon unter,
   und die Dunkelheit bricht an.

3. Vom Geröll, das er dort findet,
   nimmt er einen glatten Stein,
   legt ihn hin zu seinen Häupten,
   streckt sich nieder und schläft ein.

4. Und er träumt von einer Treppe,
   hoch und schön, der keine gleicht,
   die ganz unten von der Erde
   bis hinauf zum Himmel reicht.

5. Engel steigen auf und nieder,
   und der Himmel ist voll Licht.
   Oben auf der höchsten Stufe
   zeigt sich Gott der Herr und spricht:

6. Ich, der Herr, Gott deiner Väter,
   will das Land, auf dem du ruhst,
   dir und deinen Kindern geben
   und begleiten, was du tust.

7. Mächtig wird dein Volk sich mehren
   wie der Staub des Bodens hier,
   und auf alle Erdenvölker
   geht ein Segen aus von dir.

8. Jakob, ich will dich behüten
   überall, wohin du ziehst,
   bis, was ich versprochen habe,
   du erfüllt vor Augen siehst.

9. Da wacht Jakob auf, und staunend
   schlägt er sich an seine Brust:
   Gott ist bei mir in der Fremde!
   Und ich hab es nicht gewusst.

10. Wunderbar im Traum getröstet
    steht er auf, es ist noch früh.
    Heilig ist ihm diese Stätte,
    voller Ehrfurcht weiht er sie.

11. Baut mit seinem Stein ein Steinmal
    und gießt Öl darüber aus.
    Bethel soll die Stätte heißen:
    Himmelspforte, Gotteshaus.

12. Hier stand ihm der Himmel offen,
    wurde ihm die Schuld verziehn.
    Hier band Gott die Segensfülle
    der Verheißungen an ihn.

13. Mutig wandert Jakob weiter
    und vertraut auf Gottes Macht.
    Großes ist ihm zugesprochen
    im Erlebnis dieser Nacht.

Nach 1. Mose 28, 10–19

1. Mitten in der dunklen Nacht stand Jakob auf,
   nahm die Seinen und durchschritt den Jabboklauf.
   Mitten in der dunklen Nacht geschehen
   manche Dinge, die wir tags nicht sehen.

2. Jakob brachte alles Seine Stück für Stück
   an das andre Ufer, blieb allein zurück.
   Niemand weiß, was wir erleben können,
   wenn wir uns von allem einmal trennen.

3. Plötzlich kam und rang mit ihm ein fremder Mann.
   Bis zum Morgengrauen hielt das Ringen an.
   Plötzlich kommen Schrecken und Beschwerden,
   und wir müssen damit fertig werden.

4. Schließlich sprach er: Lass mich los; es wird
       schon Tag!
   und gab Jakob auf die Hüfte einen Schlag.
   Alle Starken, die zu kämpfen wagen,
   sind gezeichnet, müssen Wunden tragen.

5. Jakob gab nicht nach, und seine Kraft war groß:
   Nur wenn du mich segnest, lasse ich dich los!
   Kannst du so mit Leid und Dunkel ringen,
   dass sie dir am Ende Segen bringen?

6. Sprach der andre: Israel seist du genannt,
   denn im Kampf mit Gott gewannst du Oberhand.
   Im Gebet lässt Gott sich gern bezwingen,
   und der Ringende wird ihm lobsingen.

7. Jakob bat: Wenn das mein neuer Name ist,
   sag mir, wie du selber heißt und wer du bist!
   Hast du das Geheimnis wahrgenommen,
   möchtest du es in die Hand bekommen.

8. Doch der andre sagte nur: Was fragst denn du?
   Und er sprach ihm gnädig seinen Segen zu.
   Gott lässt uns an seiner Güte reifen,
   auch wenn wir ihn selber nicht begreifen.

9. Jakob war von Gottes Nähe wie durchbebt,
   und er jubelte: Ich habe Gott erlebt!
   Wenn Gott kommt, wird beides uns beschieden:
   Heilger Schreck und wunderbarer Frieden.

10. Als er von dort aufbrach, hinkte Jakob leicht,
    doch sein Weg war schon vom Sonnenlicht erreicht.
    Wen Gott anruft und wer ihm begegnet,
    ist geschlagen und zugleich gesegnet.

Nach 1. Mose 32, 23–32

1. Dies sind die zehn Gebote, die
   Gott auf dem Berge Sinai
   durch Mose aufzuschreiben hieß
   und für sein Volk und uns erließ.
   Kyrieleis.

2. Ich bin der Herr, dein Gott, allein.
   Kein Abgott soll dein Herrscher sein.
   So tu mir dein Vertrauen kund
   und liebe mich von Herzensgrund.
   Kyrieleis.

3. Du sollst den Namen deines Herrn
   nicht unnütz führen und entehrn.
   Ruf ihn in allen Nöten an
   und lobe ihn, der helfen kann.
   Kyrieleis.

4. Gedenke an den Feiertag,
   dass deine Arbeit ruhen mag,
   und öffne Willen und Gemüt
   dem Werk, das Gott an dir vollzieht.
   Kyrieleis.

5. Erweise deinen Eltern Dank
   und ehre sie ein Leben lang,
   dass auch dein Tag im Segen steht
   und es dir lange wohlergeht.
   Kyrieleis.

6. Schütz alles Leben! Töte nicht
und übe den Gewaltverzicht.
Tu Gutes, das versöhnt und eint,
vergib und hilf auch deinem Feind.
Kyrieleis.

7. Führ deine Ehe täglich neu
verantwortlich und bleib ihr treu.
Die Liebe ist die Lebensart,
durch die Gott Mann und Frau bewahrt.
Kyrieleis.

8. Vergreif dich nicht an fremdem Gut
und sei vor Habgier auf der Hut.
Barmherzig teile Gut und Geld,
dass jeder, was er braucht, erhält.
Kyrieleis.

9. Dein Wort sei ehrlich. Lüge nicht
und bring die Wahrheit an das Licht!
Des Nächsten Ehre schütze du,
kehr, was du kannst, dem Besten zu.
Kyrieleis.

10. Begehre nicht, lass ungestört,
was deinem Nächsten angehört.
Sein Haus halt an mit Frau und Kind,
dass sie ihm bleiben, was sie sind.
Kyrieleis.

11. Vor den Geboten werde still:
    Wer lebt denn so, wie Gott es will?
    Wer sie betrachtet, der erkennt,
    wie viel uns Menschen von Gott trennt.
    Kyrieleis.

12. Hilf uns, der du die Schuld verzeihst,
    Gott Vater, Sohn und Heilger Geist.
    Wir können nur mit dir allein
    im Tun und Handeln Sieger sein.
    Kyrieleis.

Nach 2. Mose 20, 1–17
Nachdichtung zu EG 231:
Dies sind die heilgen zehn Gebot

1. Die Bäume kamen einst zusammen
   und wünschten: Einer soll uns führen.
   Zuerst erwählten sie den Ölbaum:
   Sei du es! Du sollst uns regieren.

2. Der Ölbaum wehrte ab und sagte:
   Wie sollte ich kein Öl mehr geben,
   wofür mich Mensch und Himmel ehren,
   und über andren Bäumen schweben?

3. Da wandten die enttäuschten Bäume
   sich an den Feigenbaum und baten:
   Dann sei du unser aller Herrscher
   und führe uns mit Wort und Taten.

4. Doch auch der Feigenbaum verneinte:
   Ich bin geliebt bei Mensch und Tieren,
   weil ich die süßen Früchte trage.
   Ich will nicht herrschen und regieren.

5. Da wandten sie sich an den Weinstock:
   Dann sei die Macht in deinen Händen!
   Auch er sprach: Nein! Soll ich denn künftig
   nicht mehr den Wein, der froh macht, spenden?

6. Am Ende blieben nur die Dornen.
   Sie fragten sie: Wollt ihr uns führen?
   Die Dornen riefen: Ja, wir wollen!
   und ließen ihre Art gleich spüren:

7. Kommt her und duckt euch zu uns nieder,
   so forderten sie machtbesessen,
   sonst wird ein Feuer von uns kommen
   und eure höchsten Wipfel fressen.

8. Die Bäume mussten so den Dornen
   und ihrer Herrschsucht unterliegen.
   Denn wo die Guten sich verweigern,
   da werden dunkle Mächte siegen.

9. Gott, weck uns auf und mach uns fähig,
   dem Friedenswerk Gestalt zu geben.
   Dein Auftrag für uns auf der Erde
   ist Dienst am anvertrauten Leben.

Nach Richter 9, 8–15

Am Wacholder in der Wüste

1. Am Wacholder in der Wüste
   klagt Elia seine Not:
   Ich bin müde und verzweifelt,
   und ich wünsche mir den Tod.

2. Herr, ich hab dein Wort gepredigt –
   dass mich Hass und Feindschaft schlug.
   Bin nur Mensch wie meine Väter.
   Nimm mich hin. Es ist genug!

3. Und Elia legt sich nieder,
   schläft schon vor Erschöpfung ein.
   Manchmal können Schlaf und Ruhe
   Gottes beste Gaben sein.

4. Und ein Engel kommt und weckt ihn:
   Nun steh auf! heißt sein Gebot.
   Und da steht ein Krug mit Wasser,
   und daneben liegt ein Brot.

5. Iss und trink! sagt ihm der Engel.
   Denn dein Weg, der ist noch weit.
   Und Elia nimmt die Nahrung,
   die ihm neue Kraft verleiht.

6. Gottes Hilfe ist ein Wunder
und zugleich ein weltlich Ding.
Wir erholen uns im Schlafen.
Jemand sagt uns: Iss und trink!

7. Alle kennen wir die Stunden,
wo wir am Verzweifeln sind.
Gott weiß Wege und setzt Zeichen,
dass der Schwache Mut gewinnt.

8. Heute sendet Gott den Engel,
der uns nimmt, was uns bedrückt.
Morgen sind wir selber Boten,
die er zu den Seinen schickt.

9. In der Kraft der Gottesspeise
weiß Elia sich bewahrt,
geht und wandert an den Horeb,
wo der Herr sich offenbart.

10. Gott, von dir gestärkte Menschen
auf dem Wege sind auch wir.
Über Höhen und durch Tiefen
führst du uns zuletzt zu dir.

Nach 1. Könige 19, 4–8

1. Herr, unser Herrscher, herrlich ist dein Name,
   in aller Welt wie mächtig deine Hoheit!
   Sie überstrahlt mit ihrem Glanz den Himmel,
   Herr, unser Herrscher.

2. Im Unscheinbaren zeigst du deine Stärke.
   Aus Kindermund schaffst du dir Lob und Ehre,
   dass deine Widersacher schweigen müssen,
   Herr, unser Herrscher.

3 Seh ich dein Werk an, Himmel, Mond und Sterne:
   Was ist der Mensch! Und doch gedenkst du seiner
   und kümmerst dich um ihn in großer Liebe,
   Herr, unser Herrscher.

4. Ja, Macht und Würde hast du ihm verliehen
   und lässt ihn herrschen über die Geschöpfe,
   dass sie der Mensch bewahrt nach deinem Willen,
   Herr, unser Herrscher.

5. Schafe und Rinder und das Wild des Feldes,
   Vögel und Fische legst du ihm zu Füßen.
   Groß ist dein Name auf der ganzen Erde,
   Herr, unser Herrscher.

Nach Psalm 8

1. Mein Gott, ich zweifle oft an dir.
   Mein Glaube möchte sehen.
   Warum lässt du in dieser Welt
   so vieles Leid geschehen?
   Und dennoch bleibe ich an dir,
   vertraue deinem Walten.
   Ich bin an meiner rechten Hand
   ganz fest von dir gehalten.

2. Mein Gott, ich zweifle oft an mir.
   Ich soll das Gute wagen.
   Warum ist meine Kraft so schwach,
   durchbrochen vom Verzagen?
   Und dennoch bleibe ich an dir
   im Schönen wie im Schweren.
   Du leitest mich nach deinem Rat
   und nimmst mich an mit Ehren.

3. Warum hat der Erfolg und Glück,
   dem Glauben nichts bedeutet?
   Warum wird dem, der dir gehorcht,
   oft solche Not bereitet?
   Und dennoch bleibe ich an dir,
   du meine höchste Gabe.
   Was gilt mir Himmel und was Welt,
   wenn ich nur dich, Herr, habe!

4. Und manchmal ist mein Mund verstummt
   vor Gram und Last und Leere.
   Ich halte meine Ohren zu,
   dass ich kein Wort mehr höre.
   Und dennoch bleibe ich an dir,
   der Armut nicht verachtet.
   Denn du bist meines Herzens Trost,
   noch wenn mein Herz verschmachtet.

Nach Psalm 73

1. Gelobt sei Gott! Er ist mein Licht
   und gibt mir Lebensmut.
   Ich weiß es und vergesse nicht,
   was er mir Gutes tut.

2. Er, der mich wie ein Vater liebt,
   mit seiner Gnade krönt,
   heilt mein Gebrechen und vergibt,
   Ich bin mit ihm versöhnt.

3. So wie ein Adler neuen Schwung
   und neue Federn kriegt,
   macht Gott mich täglich frisch und jung,
   dass meine Freude siegt.

4. Der Himmel wölbt sich hoch und weit
   und über alle Welt.
   So leuchtet Gottes Freundlichkeit
   dem, der sich zu ihm hält.

5. Die Blume blüht nur kurze Zeit.
   So muss der Mensch dahin.
   Doch Gottes große Ewigkeit
   bleibt seine Trösterin.

6. Gelobt sei Gott! Er ist mein Licht
   und gibt mir Lebensmut.
   Ich weiß es und vergesse nicht,
   was er mit Gutes tut.

Nach Psalm 103

Nun lasst uns
Gottes Namen preisen

1. Nun lasst uns Gottes Namen preisen,
   vor aller Welt ihm Dank erweisen
   für seine Wunder, die er tut.
   Gott hält sein Wort und macht uns Mut.
   So freut euch seiner und lobsingt
   dem Heil, das er für uns vollbringt!

2. Bekennt den Herrn, rühmt seine Werke,
   verkündet seine Macht und Stärke,
   sucht seine Nähe allezeit,
   dass ihr bei ihm geborgen seid.
   Was er verspricht, hat festen Grund.
   Er denkt an uns und seinen Bund.

3. So spricht der Herr der ganzen Erde:
   Ich werde sein, der ich sein werde.
   Was er verheißt mit seinem Eid,
   besteht und gilt in Ewigkeit:
   Ich führe euch mit sicher Hand
   ans Ziel in das gelobte Land.

4. Wir haben seine Macht erfahren,
   als wir noch in der Fremde waren.
   Er war die Heimat und ging mit,
   als unsre Seele Heimweh litt,
   befreite uns mit starker Kraft
   aus Knechtschaft und Gefangenschaft.

5. Wir hungerten nach Brot und Leben.
   Stets hat er Speise uns gegeben
   und wirkte Wunder in der Not.
   Noch in der Wüste gab er Brot,
   und dürstete sein Israel,
   sprang aus dem Fels ein Wasserquell.

6. Noch immer zieht er seinem Volke
   den Weg voran in einer Wolke
   von Zeugen, die für ihn erstehn.
   In Zeichen lässt der Herr sich sehn.
   Mit seiner Feuersäule bricht
   in unsre Nacht ein helles Licht.

7. Gott führt sein Volk durch alle Zeiten.
   Er will uns einst zur Ruhe leiten
   und hat in allem Kampf der Welt
   uns unter seinen Schutz gestellt.
   So dankt ihm, bringt ihm Preis und Ruhm
   als sein geliebtes Eigentum.

Nach Psalm 105

Gott allein die Ehre

1. Nicht uns, nicht uns, Herr, gib die Ehre,
   dein Name soll gepriesen sein.
   Das Dunkle fragt uns und das Schwere:
   Wo ist nun Gott? Wann greift er ein?
   Zeig, dass du da bist, Herr der Welt,
   und schaffen kannst, was dir gefällt.

2. Du bist nicht wie die toten Götzen
   aus Gold und Silber Menschenwerk.
   Du bist die Zuflucht im Entsetzen
   und richtest treu dein Augenmerk
   auf Lob und Bitte, Qual und Schrei
   und stehst uns hundertfältig bei.

3. Lass uns nicht falschen Göttern dienen,
   lass uns nicht wie sie selber sein.
   Sie haben unbewegte Mienen
   und lassen hilflos und allein.
   Sie haben Augen, die nicht sehn,
   und Ohren, die uns nicht verstehn.

4. Sie haben Münder, die nicht reden,
   aus ihren Kehlen kommt kein Laut.
   Sie täuschen und betrügen jeden,
   der auf den Augenschein vertraut.
   So sucht das Leben, wo es quillt:
   Gott ist allein der Schutz und Schild.

5. Er denkt an uns und will uns segnen.
   Er segne auch ganz Israel!
   Wo wir ihm glaubensvoll begegnen,
   wird unsre Finsternis taghell.
   Glück und Gelingen gebe er,
   des Himmels und der Erde Herr!

6. Der Herr regiert sein Reich von oben
   und hat die Erde uns geliehn.
   Die Toten können ihn nicht loben.
   So preist mit eurem Leben ihn,
   den Schöpfer, dessen Volk ihr seid,
   von nun an bis ans Ziel der Zeit.

Nach Psalm 115

Immer ist ein Lobgesang

1. Immer ist ein Lobgesang
   um Gott her. Stimmt in ihn ein
   auch mit eurem Lob und Dank!
   Wer Gott lobt, ist nicht allein.

2. Sonne, die sich strahlend hob,
   Mond und Sterne in der Nacht,
   leuchtet Gott dem Herrn zum Lob
   und zum Zeichen seiner Macht.

3. Blumen, blüht, und Vögel, singt,
   Wasser, fließe, Bäume, grünt!
   Menschen, müht euch und vollbringt,
   was der Schöpfung Gottes dient.

4. Feuer, brenne, Schnee, gefrier,
   rausche, Meer, und wehe, Wind!
   Gottes Boten sind auch wir,
   wenn wir ihm gehorsam sind.

5. Immer ist ein Lobgesang
   um Gott her. Stimmt in ihn ein
   auch mit eurem Lob und Dank!
   Wer Gott lobt, ist nicht allein.

Nach Psalm 148

Das Lied vom Weinberg

1. Ich will euch erzählen,
   ihr Leute, hört her!
   Ich hab einen Weinberg,
   den liebte ich sehr.

2. Auf fruchtbarem Hügel
   ein schönes Stück Land.
   Ich gab mir viel Mühe
   und hielt ihn instand.

3. Ich grub und entsteinte
   den Boden mit Fleiß.
   Dann pflanzte ich Reben,
   so edel ich weiß.

4. Ich zog einen Schutzzaun
   um Garten und Wein
   und baute noch Wachtturm
   und Kelter hinein.

5. Und weil ich dem Weinberg
   viel Liebe erwies,
   erhoffte ich Früchte,
   die gut sind und süß.

6. Nun bin ich erschrocken
   und zornig mit Recht:
   Der Wein, der heranwuchs,
   ist sauer und schlecht!

7. Ich habe die Reben
   gehegt und gepflegt.
   Nun urteilt ihr selber,
   wer Schuld daran trägt!

8. Schlecht lohnte der Weinberg
   mir Mühe und Schweiß.
   Ich will ihn verlassen
   und gebe ihn preis.

9. Soll alles verwildern
   in Unfruchtbarkeit,
   von Dornen und Disteln
   und Dürre entweiht.

10. Hört zu, Leute Judas:
    Der Weinberg seid ihr!
    Die Strafe des Herren
    steht schon vor der Tür.

11. Er pflanzte euch Glauben
    und Liebe ins Herz
    – und erntete Abfall
    und Unrecht und Schmerz!

12. Der Weinberg des Herren
    bewährte sich nicht.
    Die Trauben sind bitter.
    Nun kommt das Gericht.

Nach Jesaja 5, 1–7

1. Das Volk im Dunkeln sieht ein helles Licht,
   das tröstend durch das Tal der Tränen bricht.
   Gott, diese große Freude kommt von dir,
   und darum jauchzen und frohlocken wir.

2. Wir freuen uns, wie man sich jubelnd freut
   nach aller Mühsal in der Erntezeit.
   Gewalt und Krieg und Unrecht sind vorbei,
   du machst uns von dem Joch des Schreckens frei.

3. Vernichtet sind der Knechtschaft Stab und Stock
   und der von Blut getränkte Kriegerrock.
   Kein Marschtritt dröhnt mehr durch ein banges
       Land,
   die Stiefel der Soldaten sind verbrannt.

4. Wir sind nicht mehr verlassen und verlorn.
   Ein Kind, ein Königssohn ist uns geborn.
   Klug und barmherzig wird er Herrscher sein,
   mit ihm kehrt dauerhafter Friede ein.

5. Ein starker Held und Friedensfürst genannt,
   regiert und dient er mit gerechter Hand.
   Und seine Macht reicht welt- und himmelweit,
   er hat ein Vaterherz in Ewigkeit.

6. Was Gott beschließt, nimmt festen Weg und Lauf.
   Dann blüht die arme Erde wieder auf,
   und alle, alle Menschen finden sich
   und stehn vor ihrem Herrn geschwisterlich.

7. Das Volk im Dunkeln sieht ein helles Licht,
   das tröstend durch das Tal der Tränen bricht.
   Willkommen, Friedensfürst auf Davids Thron,
   am Ende und in dieser Weltzeit schon!

Nach Jesaja 9, 1–7

Was siehst du, Jeremia?

1. Was siehst du, Jeremia?
   so fragte mich der Herr.
   Ich sehe den Wacholder,
   antwortete ich ihm.

2. Ja, du hast recht gesehen,
   erwiderte der Herr.
   Ich will darüber wachen,
   dass sich mein Wort erfüllt.

3. Was siehst du, Jeremia?
   Es kocht vom Norden her.
   Ich sehe, wie mein Kessel
   heiß dampfend überfließt.

4. Ja, du hast recht gesehen.
   So bricht vom Norden her
   auf alle die Bewohner
   das Unheil in das Land.

5. Und du, was siehst du, Amos?
   so fragte mich der Herr.
   Ein Mann prüft seine Mauer,
   ob sie gerade steht.

6. Mein Volk gleicht einer Mauer,
   die nicht im Lot mehr ist.
   Und ich bin fest entschlossen,
   nichts Krummes geht mehr durch!

7. Was siehst du noch? Sprich, Amos!
   Da steht ein Korb voll Obst.
   Ja, es ist Zeit zur Ernte
   und zum Gericht, mein Volk.

8. Wenn Gott nun heute fragte:
   Was siehst du? Hand aufs Herz!
   Was würden wir wohl sagen?
   Was wär sein Wort an uns?

Jeremia 1, 11–14 und Amos 7, 7–8; 8, 1–2

1. Ich hatte einen Traum.
   Gott ließ mich nächtlich sehen
   die Mächte dieser Welt,
   ihr Kommen und ihr Gehen.

2. Das Meer erregte sich,
   bewegt von den vier Winden.
   Vier Tiere stiegen auf,
   nicht grausiger zu finden.

3. Ein Löwe kam zuerst
   mit Flügeln und mit Feuer,
   ein Bär und Panther dann,
   brutale Ungeheuer.

4. Zuletzt das schlimmste Tier,
   mit Namen nicht zu weisen.
   Zehn Hörner hatte es
   und Zähne wie aus Eisen.

5. Ich schaute hin: Ein Thron!
   Da wurden sie gerichtet
   und alle vier von Gott
   entmachtet und gerichtet.

6. Ich schaute in die Nacht.
   Da kam nach dem Getümmel
   ein Mensch, der menschlich war,
   mit Wolken her vom Himmel.

7. Ihm wurde Macht verliehn
   von Gott für alle Zeiten.
   Die Völker werden ihm
   am Ende Lob bereiten.

Nach Daniel 7, 1–14

1. Wir singen einen Lobgesang
   Gott unserm Herrn zu Preis und Dank.
   Er schickt Johannes in die Welt,
   der uns in die Entscheidung stellt.

2. Johannes sagt als Gottesmann
   die Königsherrschaft Christi an:
   »Tut Buße nun und ändert euch!
   Gekommen ist das Himmelreich.«

3. Er lebt adventlich, voll Verzicht,
   dem Unrecht predigt er Gericht.
   So tritt er in der Wüste auf
   und tauft das Volk am Jordanlauf.

4. Wie er nun Christus kommen sieht,
   sagt er prophetisch, was geschieht:
   »Dies ist Er, der Lamm Gottes heißt.
   Er tauft mit Feuer und mit Geist.

5. Es kommt nach mir, der vor mir war.
   Er ist der Rat, Kraft, Wunderbar
   und trägt die Sünde aller Welt.
   Sein Tag steigt auf, der meine fällt.«

6. Der Täufer treibt das Werk mit Mut
   und tadelt, was Herodes tut.
   Man greift und fesselt ihn dafür.
   Hart schließt sich die Gefängnistür.

7. Er fragt und zweifelt im Verlies:
   »Wo bleibt, was Gottes Wort verhieß?«
   und schickt zu Christus sorgenvoll:
   »Bist du, Herr, der da kommen soll?«

8. Und Christi Antwort tröstet ihn:
   »Den Armen ist das Heil verliehn
   und Taube hören, Blinde sehn
   und Tote leben, Lahme gehn.

9. Und selig«, spricht der gute Hirt,
   »ist, wer nicht irre an mir wird.«
   So hat Johannes noch im Leid
   teil an des Reiches Herrlichkeit.

10. Hab Dank, Herr Christ, dass du auch jetzt
    Johannes uns zum Zeichen setzt
    für Mut und treue Zeugenschaft
    und deines Wortes Trost und Kraft.

Nach Matthäus 3, 1–3; 11, 2–6 und Johannes 1, 29–30

1. Du Geheimnis aus der Höhe,
   allumfassend große Macht,
   deine Ferne, deine Nähe
   widerfährt uns Tag und Nacht.
   Unsichtbarer Gott, wir können
   dich im Namen Jesu Christ
   unsren Herrn und Vater nennen,
   der barmherzig zu uns ist.

2. Lass uns deinen Namen ehren
   im Gebet und vor der Welt,
   dass wir denken, tun und lehren,
   was ihn bei uns heilig hält.
   Deine Herrschaft aufzubauen,
   komm in unsre späte Zeit.
   Säe Liebe und Vertrauen
   mitten zwischen Angst und Streit.

3. Zeige uns, Gott, deinen Willen,
   dass er bei uns wächst und reift.
   Gib uns Kraft, ihn zu erfüllen,
   und Gehorsam, der begreift.
   Schenk uns Vollmacht, ja zu sagen
   da, wo es dein Wille will.
   Mach uns frei zum Tun und Wagen
   und zum Tragen stark und still.

4. Was wir brauchen, um zu leben,
   gib uns mit dem täglich Brot,
   dass wir davon weitergeben,
   wo noch Hunger herrscht und Not.
   Von der Schuld uns zu befreien,
   sei uns gnädig, sei uns gut,
   dass wir selber dem verzeihen,
   der uns hasst und Unrecht tut.

5. Müssen wir Versuchung leiden
   und durch Feuerproben gehn,
   hilf uns richtig zu entscheiden
   und die Prüfung zu bestehn.
   Herr, erlöse uns vom Bösen
   und beende Kreuz und Krieg.
   Alles gottesferne Wesen
   nimm hinein in deinen Sieg.

6. Einmal, so hast du versprochen,
   kommt dein Reich in unsre Zeit.
   Jetzt schon ist es angebrochen
   voller Kraft und Herrlichkeit.
   Über Bitten und Verstehen
   bist du immer für uns da.
   Amen heißt: Es soll geschehen.
   Amen, unser Vater, ja!

Nach Matthäus 6, 9–13
Gemeinschaftsliederbuch 411

Das Himmelreich
gleicht einem Schatz

1. Das Himmelreich gleicht einem Schatz,
   in einem Feld begraben.
   Da kommt ein Mann, entdeckt den Platz
   und kennt nur eins: ihn haben!
   Er legt den Schatz ins Feld zurück,
   verkauft sein Hab und Gut vor Glück,
   nimmt alles Geld
   und kauft das Feld.

2. Wer Gottes Einladung versteht,
   wird einem Kaufmann gleichen,
   der schöne Perlen suchen geht,
   die hohen Wert erreichen.
   Er findet eine und ermisst,
   dass sie wie keine kostbar ist,
   setzt alles ein,
   und sie wird sein.

3. Es wird wie mit dem Senfkorn sein,
   wenn Gott sein Reich begründet.
   Man nimmt und sät es winzig klein,
   es keimt und wächst und findet
   zuletzt die Größe wie ein Baum
   und gibt den Vögeln bei sich Raum.
   Das Korn wird bald
   zum festen Halt.

4. Gott handelt einer Hausfrau gleich,
   die Brot aus Mehl bereitet.
   Sie mengt darunter Sauerteig,
   der sich durchs Mehl verbreitet.
   Ein wenig Sauerteig genügt,
   dass sich Geschmack ins Ganze fügt.
   So fort und fort
   wirkt Gottes Wort.

5. Ein Bauer hat die Saat gesät,
   geht heim und legt sich nieder,
   steht morgens auf und lebt. So geht
   es alle Tage wieder.
   Inzwischen wächst und reift die Saat
   von selber, und die Ernte naht.
   So kommt zu euch
   das Himmelreich.

Nach Matthäus 13, 31–33; 44–46 und Markus 4, 26–29

Der verworfene Eckstein

1. Ein neues Haus ist im Entstehen,
   das viele Steine fasst.
   Die Maurer nehmen einen Stein,
   die Maurer nehmen einen Stein:
   Mal sehen, ob er passt.

2. Sie prüfen ihn und wenden ihn.
   Der Stein ist fest und schwer.
   Dann werfen sie ihn plötzlich weg,
   dann werfen sie ihn plötzlich weg:
   Der Stein passt nicht hierher.

3. Da kommt der Architekt zum Haus.
   Er sieht den schönen Stein
   und sagt: Der soll der Eckstein sein
   und sagt: Der soll der Eckstein sein
   und fügt ihn passend ein.

4. Die Maurer haben sich geirrt.
   Der Stein passt ganz genau.
   Der Stein, der erst verworfen war,
   der Stein, der erst verworfen war,
   der stützt und trägt den Bau.

5. Du fragst, was die Geschichte soll?
   Der Stein ist Jesus Christ,
   der gegen allen Widerspruch,
   der gegen allen Widerspruch
   der Grund des Glaubens ist.

Nach Psalm 118, 22–23 und Matthäus 21, 42–44

Die zehn Brautfreundinnen

1. So wird es sein, wenn Gott sein Reich vollendet,
   wie es bei einer Hochzeitsfeier war.
   Zehn Mädchen warteten als Brautfreundinnen
   mit ihren Lampen auf das Hochzeitspaar.

Refrain: Mach uns bereit, Herr Christ, auf dich
   zu warten,
   auch wenn die Nacht sich in die Länge zieht.

2. Leichtfertig sorglos dachten fünf von ihnen:
   Das Öl in unsren Lampen ist genug.
   Fünf aber nahmen zu dem Öl der Lampen
   noch Öl als Vorrat mit. Sie waren klug.

3. Der Festzug ließ sehr lange auf sich warten.
   Die Mädchen wurden müde, schliefen ein.
   »Der Bräutigam! Er kommt! Geht ihm entgegen!«
   erweckte sie um Mitternacht ein Schrein.

4. Die Mädchen standen auf in aller Eile
   und nahmen ihre Lampen in die Hand.
   Da war bei denen, die leichtfertig waren,
   das Licht erloschen und das Öl verbrannt.

5. Erschrocken baten sie die andren Mädchen:
   »Geht doch nicht ohne uns ins Hochzeitshaus!
   Gebt uns von eurem Öl! Lasst es uns teilen!
   Ihr habt noch Vorrat. Unser Licht ist aus«.

6. Die Klugen widersprachen: »Ausgeschlossen!
   Dann reicht das Öl doch für uns alle nicht.
   Rasch! Macht euch auf den Weg zum nächsten
     Kaufmann
   und holt euch neues Öl für euer Licht«.

7. Sie gingen hin, um sich das Öl zu kaufen.
   Da kam der Bräutigam mit einem Mal.
   Die fünf, die darauf vorbereitet waren,
   begleiteten ihn in den Hochzeitssaal.

8. Im Haus der Hochzeit leuchteten die Fenster,
   Musik und Freude tönte durch die Nacht.
   Die Türen wurden hinter allen Gästen,
   die eingeladen waren, zugemacht.

9. Am Ende kamen auch die andren Mädchen
   mit ihren Lichtern nach dem späten Kauf.
   An Tür und Fenster klopften sie und riefen:
   »Wir möchten noch hinein. Herr, tu uns auf!«

10. »Mein Haus ist voll, die Türen sind geschlossen.
    Ich kenne euch nicht, die ihr draußen steht«,
    entgegnete der Bräutigam den Mädchen.
    So kamen sie zum Hochzeitsfest zu spät.

11. Lasst eure Lichter brennen, sagt uns Jesus.
    Seid vorbereitet, klug und unbeirrt.
    Bleibt wach! Denn ihr wisst weder Tag noch
      Stunde,
    wann euer Herr am Ende kommen wird.

Nach Matthäus 25, 1–13

Die selbstwachsende Saat

1. Und Jesus sagte: Mit der Herrschaft Gottes
   ist es wie mit dem Sämann und dem Samen.
   Der Bauer streut die Saat auf seinen Acker
   und geht nach Hause.

2. Er legt sich schlafen bis zum nächsten Morgen.
   Dann steht er auf. So geht es viele Tage.
   Inzwischen geht die Saat auf und wächst leise;
   wie, weiß er selbst nicht.

3. Ganz von allein und heimlich lässt die Erde
   die Pflanzen wachsen und die Früchte reifen.
   Erst kommt der Halm, die Ähre dann und schließlich
   der volle Weizen.

4. Wenn das Getreide reif ist, kommt der Bauer.
   Er greift zur Sichel und beginnt zu mähen
   und schneidet alle Halme seines Feldes,
   denn es ist Ernte.

5. Und Jesus sagte: Öffnet eure Augen!
   Denn Gottes Reich ist nah herbeigekommen.
   Von selber wächst und reift es in der Stille
   ernteentgegen.

Nach Markus 4, 26–29

1 Ich preise und erhebe dich,
ich juble und ich freue mich,
dass du, den alle Welt nicht fasst,
mich gnädig angesehen hast.

2. Sein Ruf, der mich zum Heil befreit,
traf mich in meiner Niedrigkeit.
Nun sehe ich, Herr, mein Geschick
glückselig an mit neuem Blick.

3. So klein ich war und unbekannt,
du hast dich mir doch zugewandt.
Was vor der Welt nicht gilt und zählt,
hast du für deinen Plan erwählt.

4. Ein Zeichen ist, was mir geschah:
Du bist für alle Menschen da
und gehst barmherzig auf sie ein
und würdigst sie, dein Volk zu sein.

5. Dem Stillen, Schwachen schenkst du Kraft
mit deinem Wort, das Großes schafft.
Was lautstark war, wird vor dir stumm;
du wertest alle Dinge um.

6. Du gibst den Stolzen ihren Lohn
   und stößt die Mächtigen vom Thron.
   Den Unterdrückten hilfst du auf
   und festigst ihren Weg und Lauf.

7. Die hungern, machst du reich und satt,
   und Reiche lässt du arm und matt
   mit leeren Händen von dir gehn,
   bis sie um deine Gnade flehn.

8. Brich ein mit der Barmherzigkeit
   in unsre ungerechte Zeit.
   Erfülle uns in Jesus Christ,
   was einst von dir verheißen ist.

9. Gott, nimm dich all der Deinen an,
   dass jeder dir lobsingen kann
   hier und in deiner Himmelsstadt
   mit jubelndem Magnifikat.

Nach Lukas 1, 46–55

1. Nun kann ich, Herr, in Frieden
   den Weg zu Ende gehn.
   Denn du hast mir beschieden,
   das Heil der Welt zu sehn.
   Du hast mit Christi Kommen,
   was du versprachst, erfüllt
   und gnädig angenommen,
   was als verloren gilt.

2. Du wirst dein Werk vollenden,
   das rettend nun beginnt,
   der Menschheit Weisung senden
   und Licht vom Krippenkind.
   Du öffnest aus dem Schweren
   ein Hoffen, das sich lohnt,
   und bringst dein Volk zu Ehren,
   das noch im Dunkeln wohnt.

3. Gott Vater, Sohn und Sühner,
   Gott Tröster, Heilger Geist,
   nun segne deinen Diener,
   wie du zu segnen weißt.
   Ich warte auf dein Amen,
   zum letzten Ruf bereit,
   und preise deinen Namen
   jetzt und in Ewigkeit.

Nach Lukas 2, 29–32

1. Gott, dein Gruß der Gnade
   komm uns spürbar nah!
   Schick auch uns den Engel,
   den Maria sah.

2. Du hast sie erhoben,
   auserwählt zu sein.
   Stell auch unsre Herzen
   auf Erwartung ein.

3. Weck in uns die Freude,
   dass du kommen willst
   und im Sohn Marias
   unsre Sehnsucht stillst.

4. Mädchenfrau und Mutter –
   welch ein schönes Bild,
   das uns mit Vertrauen
   schwesterlich erfüllt!

5. Reichtum in der Armut
   strahlt Maria aus,
   und noch aus der Hütte
   macht sie ein Zuhaus.

6. Was mit Jesu Kommen
   Herrliches geschieht,
   möchten wir lobpreisen
   mit Marias Lied:

7. »Meine Seele, rühme
   Gott, der Großes tut!
   Er entmachtet Starke
   und macht Schwachen Mut.«

8. Wenn wir Jesus suchen,
   wenn wir ihn verliern,
   lass uns wie Maria
   sein Geheimnis spürn.

9. Lass uns mit Maria
   schwere Wege gehn
   und auch da noch lieben,
   wo wir nicht verstehn.

10. Schenk uns ihre Treue,
    die sich nicht verirrt,
    wenn dem Zeichen Jesu
    widersprochen wird.

11. Gib uns Kraft zum Tragen,
    wie Maria trägt,
    wenn der Schmerz des Kreuzes
    unsre Seele schlägt.

12. Tröster der Maria,
    halt uns rettend fest,
    bis du es für immer
    Ostern werden lässt.

1. Zwei der Jünger, traurig wie die andern
   über ihres Meisters Tod,
   brachen auf, nach Emmaus zu wandern,
   und besprachen ihre Not.
   Wie sie nun, bestürzt von all den Dingen,
   miteinander redeten und gingen,
   nahte sich ein fremder Mann,
   trat herzu und sprach sie an:

2. Was bekümmert euch für ein Geschehen?
   Wovon redet ihr denn da?
   Staunend blieben beide Jünger stehen:
   Weißt nur du nicht, was geschah?
   Dann erzählten sie, was sie bedrückte:
   Den Propheten, den der Herr uns schickte,
   Jesus, groß in Wort und Tat,
   kreuzigte der Hohe Rat.

3. Und wir hofften, dass uns der Gerechte,
   statt dass er dem Tod erlag,
   endlich Freiheit und Erlösung brächte.
   Heute ist der dritte Tag.
   Und nun gingen von uns ein paar Frauen
   an sein Grab, um dort nach ihm zu schauen,
   und sie haben uns erschreckt,
   er sei fort und auferweckt.

4. Kennt ihr denn die Schrift nicht, o ihr Toren!
   sprach der Fremde auf sie ein.
   Könnt ihr so in Traurigkeit verloren,
   blind und ohne Glauben sein?
   Musste Christus nicht das alles leiden
   und am Kreuz aus diesem Leben scheiden,
   um in seine Herrlichkeit
   einzugehn für allezeit?

5. Er begann mit Mose zu erklären
   bis zu den Propheten fort,
   was die Schriften vom Erlöser lehren,
   und erschloss sie durch sein Wort,
   dass die Jünger Rat und Antwort fanden,
   ihren Herrn als Gottesknecht verstanden,
   der für alle Menschen stirbt
   und das Heil der Welt erwirbt.

6. Als sie nun nach Emmaus gelangten,
   wollte er schon weiterziehn.
   Doch die Jünger, die sich heimlich bangten,
   nötigten und baten ihn:
   Bleibe bei uns, es will Abend werden,
   und der Tag hat sich geneigt auf Erden!
   Da ging er mit ihnen mit,
   und sie kehrten ein zu dritt.

7. Und zu Tisch, als sie zusammensaßen,
   nahm und brach der Gast das Brot,
   dankte, gab es ihnen, und sie aßen.
   Welch ein Zeichen, das er bot!
   Da erwachten ihre Lebensgeister,
   sie erkannten ihren Herrn und Meister.
   Aber er zog sich zurück
   und verschwand vor ihrem Blick.

8. Heilger Schrecken löste ihre Schmerzen,
   und sie sprachen hell erregt:
   Wurde uns nicht warm um unsre Herzen,
   waren wir nicht tief bewegt,
   als er uns die Schrift verständlich machte
   und den Sinn des Kreuzes nahebrachte,
   als er, von uns unerkannt,
   unsre Trauer überwand?

9. Und sie machten sich zur selben Stunde
   auf den Heimweg froh und gern,
   brachten nach Jerusalem die Kunde
   von dem auferstandnen Herrn.
   Dort bezeugten die Apostel ihnen:
   Simon Petrus ist der Herr erschienen!
   Etwas Großes ist geschehn.
   Jesus lebt und ließ sich sehn.

10. Und die zwei erzählten voller Freude
    von dem Weg nach Emmaus,
    wie der Herr zu ihnen kam, und beide
    es nicht merkten bis zum Schluss,
    wie bei seinem Wort die Herzen brannten
    und sie ihn mit einem Mal erkannten,
    als er Gottes Lobpreis sprach
    und das Brot mit ihnen brach.

Nach Lukas 24, 13–35

1. Alles Leiden, alles Sterben,
   alles Bangen dieser Zeit
   ist für uns als Christi Erben
   längst nicht wert der Herrlichkeit,
   die uns Gott dereinst bereitet,
   wenn die Welt vollendet wird.
   Diese Hoffnung, die nicht irrt
   und den Blick des Glaubens weitet,
   zünde täglich in uns an,
   Herr, der Wunder wirken kann.

2. Die Geschöpfe dieser Erde
   sehnen ängstlich sich danach,
   dass die Menschheit menschlich werde,
   für das Gute frei und wach.
   Alle Kreaturen warten,
   dass der Mensch als Gottes Kind
   sich auf das Gebot besinnt
   und die Welt als Gottes Garten
   treu verwaltet und bewahrt,
   bis der Herr sich offenbart.

3. Aller Schöpfung Lebewesen
   ängstigen sich allezeit.
   Du willst sie mit uns erlösen,
   Herr, von der Vergänglichkeit.
   Alle Kreatur soll leben,
   wunderbar vom Tod befreit,
   dass sie nicht mehr stöhnt und schreit,
   dem Verderben preisgegeben.
   Sie hat mit uns selber teil,
   Gott, an deines Reiches Heil.

4. Als ein erstes Zeichen haben
   wir für diese Zuversicht
   Gottes Geist mit seinen Gaben,
   der durch Christus zu uns spricht.
   Was man sieht, kann man nicht hoffen.
   Was man hofft, ist unsichtbar.
   Doch der Geist verheißt es klar
   und hält unser Warten offen.
   Diese Hoffnung wird nicht matt,
   sondern tut, was Zukunft hat.

5. Denn der Geist hilft unsrer Schwachheit
   und Verzagtheit wieder auf,
   schenkt uns Kraft, Geduld und Wachheit
   für des Evangeliums Lauf.
   Wenn wir ratlos sind beim Beten,
   nicht mehr wissen aus noch ein,
   will er unser Fürsprech sein
   und mit Seufzen uns vertreten,
   das Gott wahrnimmt und versteht
   als ein herzliches Gebet.

6. Die Gott lieben und ihn ehren
   mit dem Herzen und der Tat,
   finden auch in allem Schweren
   Weg und Ziel und Trost und Rat.
   Sie erfahren es, dass ihnen,
   was sich auch entgegenstellt,
   alle Dinge auf der Welt
   letztlich doch zum Besten dienen.
   Gott erwählt und führt weltweit
   durch das Kreuz zur Herrlichkeit.

Nach Römer 8, 18–28

1. Wenn Gott auf unsrer Seite ist,
   wer kann uns dann noch schaden?
   Er steht zu uns in Jesus Christ
   mit seinem Wort der Gnaden.
   Er gab den Sohn, der für uns litt.
   Wie sollte er uns nicht damit
   von Herzen alles schenken?

2. Wer will, die Gott sich auserwählt,
   beschuldigen und richten?
   Gott macht gerecht. Der Glaube zählt,
   um unsre Schuld zu schlichten.
   Wer will verdammen? Gottes Sohn
   sitzt neben seines Vaters Thron,
   um für uns einzutreten.

3. Kann uns noch etwas in der Welt
   von Christi Liebe scheiden,
   was uns auch immer überfällt
   an Trübsal, Angst und Leiden?
   Wie in der Schrift geschrieben steht:
   Wir sterben täglich früh und spät
   um deines Namens willen.

4. Was uns im ungeborgnen Hier
   auch noch so sehr betrübe,
   in allem überwinden wir
   weitaus durch Gottes Liebe.
   Wir sind gewiss, dass weder Tod
   noch Leben, weder Glück noch Not
   uns von ihr trennen können.

5. Nicht Zukunft oder Gegenwart,
   nicht Schicksal und Geschehen
   noch Mächte irgendwelcher Art
   in Tiefen oder Höhen
   vermögen uns, Herr Jesu Christ,
   der du der Herr der Liebe bist,
   aus deiner Hand zu reißen.

Nach Römer 8, 31–39
Gemeinschaftsliederbuch 370

Es ist gewißlich an d. Zeit

1. Wie unerschöpflich groß ist Gottes Reichtum!
   Wie unergründlich tief ist seine Weisheit!
   Und wer begreift im Gang der Weltgeschichte
   Gottes Gerichte!

2. Ob er verurteilt oder gnädig waltet,
   wie unerforschlich bleiben seine Wege!
   Wer kann erkennen seinen Plan der Taten
   und ihn beraten?

3. Wer hat Gott jemals irgendwas gegeben,
   für das er wieder etwas fordern könnte?
   Ihm, ohne den kein Ding geschaffen wäre,
   sei ewig Ehre!

4. So stellt euch Gott mit eurem ganzen Leben
   so zur Verfügung, dass ihr es vernünftig
   als Gottesdienst betrachtet und gestaltet
   und heilig haltet.

5. Passt euch der Welt nicht an, die schon dahingeht.
   Fragt nach dem Maß der neuen Zukunft Gottes.
   Lasst euch von ihm im Innersten verwandeln
   zum rechten Handeln.

Nach Römer 11, 33–36; 12, 1–2

Trostlied

1. Der du die Angst der Welt verstehst
   und selbst den schweren Kreuzweg gehst
   mit Zittern und mit Zagen,
   wir dürfen dir, Herr Jesu Christ,
   weil du im Leiden Bruder bist,
   von unsren Ängsten sagen.

2. Wir leiden unter unsrer Schuld.
   Versäumnis, Ichsucht, Ungeduld
   belasten unser Leben.
   Nimm, was entmutigt und entehrt,
   und gib uns Mut und neuen Wert
   aus deinem Schuldvergeben.

3. Wir wissen nicht, was aus uns wird,
   wohin die Menschheit sich verirrt,
   und bangen ungeborgen.
   Herr, heile diese kranke Welt
   und lass uns tun, was sie erhält,
   und kämpfen um das Morgen.

4. Und manchmal ficht die Furcht uns an
   vor dem, was uns geschehen kann
   an Kreuz und Finsternissen.
   Herr, halte uns im Glauben fest,
   dass du uns führst und nicht verlässt,
   auch wenn wir leiden müssen.

5. Wir denken bittend auch an die,
   die unser sind. Bewahre sie
   im Schönen wie im Schweren.
   Und stellt sich Angst und Sorge ein,
   lass das Vertrauen stärker sein,
   dass sie zu dir gehören.

6. Wir fürchten uns, Herr, vor dem Tod
   und vor dem Nichts, das uns bedroht.
   Lass uns auf Ostern schauen
   und deiner Macht der Ewigkeit,
   die Trost und Zuversicht verleiht,
   tagtäglich mehr vertrauen.

7. Wir preisen dich, weil du, Herr Christ,
   Herr über alle Ängste bist.
   So sei dir Dank beschieden.
   So wild der Sturm der Angst auch tost,
   wer zu dir kommt, der wird getrost
   und kehrt zurück mit Frieden.

Himmelreich und Paradies

1. Himmelreich und Paradies
   sah ich offenstehen,
   Dinge, unbeschreiblich schön,
   habe ich gesehen.

2. Stimmen überkamen mich,
   die glückselig waren.
   Offenbarungen von Gott
   sind mir widerfahren.

3. Doch dass ich mich nicht damit
   rühmend überhebe,
   sondern ohne Eigenlob
   Gott die Ehre gebe,

4. sitzt ein Dorn in meinem Fleisch,
   macht mir Schmerz und Mängel,
   und mir ist, als schlüge mich
   Satans dunkler Engel.

5. Dreimal bat ich Gott den Herrn:
   Heile mir mein Leiden!
   Doch ich musste mich vor ihm
   mit dem Wort bescheiden:

6. Meine Gnade ist genug.
   Lass sie dir genügen!
   Meine Kraft will wunderbar
   in den Schwachen siegen.

7. Und so nehme ich mein Kreuz
   an auf viele Weisen,
   um in Schwachheit und Gefahr
   Christi Kraft zu preisen.

8. Darum bin ich guten Muts
   und will mich getrösten.
   Denn wenn ich am kleinsten bin,
   ist der Herr am größten.

Nach 2. Korinther 12, 7–10

Trostlied

1. Gott gebot dem Licht zu scheinen
   und erleuchtete die Seinen
   mitten in der Dunkelheit.
   So hat er in unser Leben
   einen hellen Schein gegeben
   durch des Sohnes Herrlichkeit.

2. Dieser Schatz ist überschwenglich.
   Wir sind schwach und sind vergänglich,
   ein zerbrechliches Gefäß.
   So wird man es deutlich sehen:
   Alle Kraft, in der wir stehen,
   ist von Gott und ihm gemäß.

3. Hart bedrängt von allen Seiten
   und in Angst und Traurigkeiten
   bleiben wir nicht klein und stumm.
   Auch wenn wir nicht weiterwissen
   und durch viel Verfolgung müssen,
   dennoch kommen wir nicht um.

4. Wenn wir Christi Leiden wagen
   und sein Sterben an uns tragen,
   wird sein Sieg auch an uns wahr.
   Denn wenn wir den Kreuzweg gehen,
   wird auch Christi Auferstehen
   leiblich an uns offenbar.

5. Herr, lass uns nicht müde werden,
   wenn in Trübsal und Beschwerden
   unser äußrer Mensch vergeht.
   Mach es uns im Glauben möglich,
   dass der innre Mensch tagtäglich
   neu und österlich ersteht.

6. Wenn wir uns für dich entscheiden,
   münden alle unsre Leiden
   ein in deine Herrlichkeit.
   Und was zeitlich ist und nichtig,
   schafft, was ewig ist und wichtig:
   lauter Gottverbundenheit.

7. Herr, wir haben das Vertrauen
   gegen alles, was wir schauen,
   auf das Kommende gesetzt.
   Denn das Bleibende und Wahre
   ist allein das Unsichtbare.
   Darauf sehen wir schon jetzt.

Nach 2. Korinther 4, 6–10; 16–18

Alles ist an Gottes Segen —

Die geistliche Waffenrüstung

1. Seid stark im Herrn und bleibt verbunden
   mit aller Stärke seiner Macht.
   Das Böse schlägt uns listig Wunden
   und lauert auf uns Tag und Nacht.
   Zieht Gottes Waffenrüstung an,
   die euch beschützen kann.

2. Wir kämpfen nicht mit unsersgleichen,
   mit Menschen und mit Fleisch und Blut.
   Der Fürst der Welt stellt seine Zeichen
   auf Sturm und sammelt seine Wut.
   Der Geist der Finsternis erscheint
   als tausendfacher Feind.

3. Darum ergreift nun Gottes Waffen,
   damit ihr an dem schlimmen Tag
   bestehen könnt und Gutes schaffen
   und euch das Feld gehören mag.
   Begebt euch ganz in Gottes Hand
   und leistet Widerstand.

4. Nehmt euch als Gürtel Gottes Wahrheit,
   damit ihr fest umgürtet seid.
   Legt an den guten Schutz der Klarheit,
   den Panzer der Gerechtigkeit.
   Als Schuhe der Bereitschaft tragt
   den Frieden, den ihr wagt.

5. Den Glauben nehmt vor allen Dingen
   und haltet ihn vor euch als Schild.
   Mit ihm könnt ihr den Sieg erringen
   bei jedem Angriff, der euch gilt.
   Den Pfeil des Bösen löscht er aus
   und hütet Herz und Haus.

6. Die Macht des Bösen zu bedrängen,
   setzt euch den Helm des Heiles auf.
   Das Schwert des Geistes umzuhängen
   vergesst nicht, fasst es fest am Knauf.
   Es ist das klare Wort der Schrift,
   das überführt und trifft.

7. Seid stark im Herrn und bleibt verbunden
   mit ihm durch des Gebetes Kraft.
   Fleht und erbittet alle Stunden,
   dass Gott euch Raum und Freiheit schafft.
   So sei gepriesen allezeit,
   der uns den Sieg verleiht.

Nach Epheser 6, 10–18

Pauluslied

1. Nicht, dass ich's schon ergriffen hab,
   das Ziel, das Jesus Christus gab,
   und mich vollkommen nenne.
   Doch jage ich ihm ständig nach,
   ob ich's ergreifen könne.

2. Weil ich von Ihm ergriffen bin,
   kann ich die Richtung und den Sinn
   des Lebens neu entdecken,
   vergesse, was dahinten ist,
   um mich nach vorn zu strecken.

3. Die himmlische Berufung steht
   als Kleinod vor mir früh und spät
   um Jesu Christi willen.
   Gott wird am Ziel als Siegespreis
   sie ganz an mir erfüllen.

4. In dieser Hoffnung lerne ich,
   in alle Lebenslagen mich,
   in Glück und Not zu fügen.
   Und wenn ich Mangel leiden muss,
   so lass ich mir genügen.

5. Ich kann auch hoch und niedrig sein,
   mit andern leben und allein,
   mit oder ohne Namen.
   Durch Christus, der mich mächtig macht,
   vermag ich alles. Amen.

Nach Philipper 3, 12–14; 4, 11–13

1. Sieben goldne Leuchter sah ich brennen,
   mitten zwischen ihnen aber stand
   einer wie ein Mensch im langen Mantel,
   um die Brust ein breites goldnes Band.

Refrain: Seht, der Herr kommt mit den Wolken.
   Alle Menschen werden ihn dann sehn.
   Und die ihn ans Kreuz geschlagen haben,
   werden jammern und vor Angst vergehn.
   Gott, du bist der Erste und der Letzte,
   alle Mächte sind dir unterstellt.
   Der du bist und warst, du wirst am Ende
   kommen als der Herr der ganzen Welt.

2. Seine Haare waren weiß wie Wolle,
   ja wie Schnee so leuchtend hell und rein.
   Seine Augen glühten wie das Feuer,
   seine Füße schienen Gold zu sein.

3. Seine Stimme brauste wie ein Wasser,
   das gewaltig in die Tiefe fährt.
   Sein Gesicht erstrahlte wie die Sonne,
   und aus seinem Munde kam ein Schwert.

4. Sieben Sterne hielt er in der Rechten,
   seine Macht war welt- und himmelweit.
   Und als ich ihn sah, fiel ich zu Boden,
   war wie tot vor seiner Heiligkeit.

5. Er berührte mich: Du musst nichts fürchten!
   Ich bin es, das Ziel und der Beginn.
   Ich war tot, sprach er, und sieh, ich lebe
   bis in alle Ewigkeiten hin.

6. Nun liegt mir der Tod als Knecht zu Füßen,
   und gebunden ist die Finsternis.
   Gott gehört der Ruhm für alle Zeiten,
   und der letzte Sieg ist ihm gewiss.

Nach Offenbarung 1, 7–8, 12–18

Botschaft Christi
_____ an die sieben Gemeinden _____

Botschaft an Ephesus

1. Liebt ihr mich noch so wie einst
   oder ist das Feuer hin?
   Denkt an früher und fasst Mut,
   handelt so wie zu Beginn.
   Ändert euch! Wenn aber nicht,
   lösch ich eures Leuchters Licht.
   Wer mich hört, wird nicht vergessen,
   darf vom Baum des Lebens essen.

Refrain:　Haltet durch und seid getreu,
　　　　　kostet es auch euer Leben.
　　　　　Ich will euch als Siegespreis
　　　　　meine Lebenskrone geben.

Botschaft an Smyrna

2. Ja, ich weiß, ihr leidet viel,
   seid verfolgt und hart bedrängt.
   Doch inmitten aller Not
   seid ihr wunderbar beschenkt.
   Fürchtet euch nicht vor der Welt,
   die euch auf die Probe stellt!
   Wer für mich sich wird entscheiden,
   wird den zweiten Tod nicht leiden.

Botschaft an Pergamon

3. Ihr bekennt euch treu zu mir
   und seid tapfer, denn ihr wohnt,
   wo der Aberglaube blüht
   und der Satan herrscht und thront.
   Bleibt der Wahrheit zugewandt,
   haltet Trug und Irrweg stand!
   Denen, die nicht von mir weichen,
   will ich Brot vom Himmel reichen.

Botschaft an Thyatira

4. Eure Taten kenne ich.
   Ihr verwirklicht, was ihr glaubt.
   Was ihr habt, das haltet fest,
   bis ich komme, euer Haupt.
   Wer mir nachfolgt bis zuletzt,
   wird von Gott in Macht gesetzt.
   Hoch und herrlich wird er funkeln
   wie der Morgenstern im Dunkeln.

Botschaft an Sardes

5. Wenn ihr auch lebendig heißt,
   als erfüllt ihr mein Gebot,
   ihr seids nur dem Namen nach,
   denn in Wahrheit seid ihr tot.
   Lasst euch wecken, werdet wach,
   stärkt, was müde ist und schwach!
   Die mein Wort zu leben wagen,
   werden weiße Kleider tragen.

———

Botschaft an Philadelphia
6. Was ihr leistet, sehe ich.
   Eure Kraft ist klein und schwach.
   Trotzdem haltet ihr mein Wort,
   folgt mir unerschrocken nach.
   Offen steht die Tür – seht her!
   Keine Macht verschließt sie mehr.
   Euch will ich zu Säulen machen,
   die mein Heiligtum bewachen.

Botschaft an Laodizea
7. Ihr seid weder kalt noch heiß.
   Ihr seid lau, es ekelt mir.
   Und ihr denkt: Wie sind wir reich!
   Doch wie arm und blind seid ihr!
   Wenn ihr überstehen wollt,
   müht euch um das wahre Gold!
   Nur bei mir könnt ihr es finden.
   Meine Salbe heilt die Blinden.

8. Seht, ich stehe vor der Tür.
   Merkt ihr es? Ich klopfe an.
   Hört die Stimme, macht mir auf,
   dass ich zu euch kommen kann.
   Jeder, der mich zu sich lässt,
   isst mein Mahl, erlebt mein Fest.
   Ich will mich zu ihm bekennen,
   ihn vor Gott mit Namen nennen.

Nach Offenbarung 2 und 3

1. Im Himmel war ein Kampf entbrannt.
   Michael mit starker Hand
   griff Satans bösen Drachen an,
   der wild zu wehren sich begann.
   Kyrieleis.

2. Dem Drachen half die Engelschar,
   die im Dunkeln um ihn war,
   und Michael zur Seite stritt
   die Schar der lichten Engel mit.
   Kyrieleis.

3. Am Ende legte sich der Krieg,
   Michael gewann den Sieg.
   Der böse Drache hat seither
   im Himmel keine Bleibe mehr.
   Kyrieleis.

4. Er, der die alte Schlange heißt,
   Trug und List der Welt erweist,
   erlebte einen großen Fall
   und stürzte auf den Erdenball.
   Kyrieleis.

5. Mit seinen Engeln fiel er tief.
   Eine Stimme aber rief:
   Jetzt endlich hat der Herr gesiegt,
   dem alle Macht zu Füßen liegt!
   Kyrieleis.

6. Bezwungen durch des Lammes Blut
   ist des Drachen Zorn und Wut.
   Darum, ihr Himmel, freuet euch,
   ihr alle auch in Gottes Reich!
   Kyrieleis.

7. So hüte dich nun, Menschenwelt,
   auf die Satan niederfällt!
   Er ist besiegt und sehr erbost.
   Doch ich bin bei euch. Seid getrost!
   Kyrieleis.

8. Der Name Gottes sei gelobt,
   wenn der Drache zürnt und tobt.
   Er weiß, er hat nur wenig Zeit.
   Doch Gott gehört die Ewigkeit.
   Kyrieleis.

Nach Offenbarung 12, 7–12

Das neue Jerusalem

1. Komm her! spricht mich der Engel an.
   Ich zeige dir die Stadt,
   die neue Stadt Jerusalem,
   die Gott bereitet hat.

2. Da nimmt der Geist von mir Besitz.
   Der Engel trägt mich fort
   und bringt mich hoch auf einen Berg.
   Ich sehe weit von dort.

3. Ich seh, wie Gott die neue Stadt
   vom Himmel niederlässt.
   Sie leuchtet wie ein Edelstein
   und glänzt nach Pracht und Fest.

4. Zwölf Perlentore hat die Stadt,
   für jeden Stamm ein Tor.
   Zwölf hohe Engel stehen da
   und halten Wacht davor.

5. Die Mauer hat ein Fundament.
   Zwölf Steine sind zu sehn,
   auf denen groß und zeichenhaft
   der Jünger Namen stehn.

6. Die Straßen schimmern rein wie Gold.
   Nur ist kein Tempel da.
   Denn Gott ist selbst das Heiligtum
   und wohnt erreichbar nah.

7. Die Stadt braucht keine Lampen mehr,
   nicht Sonne und nicht Mond,
   weil Gottes klare Herrlichkeit
   in ihr erstrahlt und thront.

8. Die Sonne ist für sie das Lamm
   und seine Majestät.
   Die Völker leben von dem Licht,
   das von dem Lamm ausgeht.

9. Der Engel zeigt mir auch den Fluss,
   der Lebenswasser bringt
   und herrlich funkelnd wie Kristall
   an Gottes Thron entspringt.

10. Der Fluss fließt mitten durch die Stadt
    am Lebensbaum vorbei,
    der Früchte trägt zwölfmal im Jahr,
    in jedem Monat neu.

11. Mit seinen Blättern wird dereinst
    die Völkerschar geheilt,
    wenn sie zugleich mit Gottes Volk
    Jerusalem sich teilt.

12. Nichts steht mehr unter Fluch und Tod,
    hier leidet keiner Pein.
    Wen Gott ins Buch des Lebens schreibt,
    kommt in die Stadt hinein.

13. Und Gottes und des Lammes Thron
    wird in der Mitte stehn,
    und die Erlösten werden ihn
    mit eignen Augen sehn.

14. Sein Name steht auf ihrer Stirn.
    Die Stadt kennt keine Nacht.
    Gott selber leuchtet als ihr Licht
    mit königlicher Macht.

15. Und Freude ohne Ende geht
    zu ihren Toren ein.
    Die Heimgekehrten werden dann
    für ewig Herrscher sein.

Nach Offenbarung 21, 1–14. 21–27; 22, 1–5

1. Seht, ich bin schon auf dem Wege.
   Selig, wer mich kommen sieht.
   Als der Erste und der Letzte
   sage ich euch, was geschieht.

Refrain: Komm, Herr Jesu, und vollende
   uns und dieser Welt Gestalt!
   Und es spricht der Herr des Lebens:
   Amen, ja! Ich komme bald.

2. Ich belohne eure Taten.
   Habt ihr euren Weg erfüllt?
   Seid bereit und lasst euch rufen!
   Nur gelebter Glaube gilt.

3. Selig, wer am Quell des Lebens
   seinen Durst nach Leben löscht,
   wessen Kleid das Blut des Lammes
   immer wieder sauberwäscht.

4. Der darf von den Früchten essen,
   die am Baum des Lebens sind,
   durch das Tor die Stadt betreten,
   wo die Ewigkeit beginnt.

5. Vor den Toren müssen bleiben
   die, die Gott den Rücken kehrn
   und mit selbstgerechtem Wesen
   sich und ihre Götzen ehrn.

6. Jesus, sende deinen Engel
   und bezeuge Gott den Herrn.
   Künde uns von Tag und Sonne
   als der helle Morgenstern.

7. Nur bei Gott ist Lebenswasser,
   das für immer nährt und tränkt.
   Und wer durstig ist, soll kommen.
   Er bekommt es frei geschenkt.

8. Ja, du bist schon auf dem Wege.
   Komm! so sprechen Geist und Braut.
   Komm! so soll ein jeder sagen,
   der dies hört und dir vertraut.

Nach Offenbarung 22,7.12–17.20

Inhalts- und Melodienverzeichnis

4 *Wer Gott lobt, ist nicht allein.* Bibellieder

———

Melodie-Quellen:

Detlev Block: So singen wir die Weihnacht an.
                Neue Lieder zum Weihnachtsfestkreis.
Detlev Block: Kommt mit Gaben und Lobgesang.
                Neue Bibellieder.
Detlev Block: Dich zu rühmen, macht uns Mut.
                Geistliche Lieder.

Strube Verlag München und Berlin.